MENSCHENRECHTE

Fragen & Antworten

LEAH LEVIN

MENSCHENRECHTE

Fragen & Antworten

Illustriert von Plantu

Löcker Verlag
Wien 1989

Zweite aktualisierte Auflage.

Herausgegeben von den UNESCO-Kommissionen Österreichs, der Bundesrepublik Deutschland und der Schweiz.
Aus dem Englischen übertragen von Eva M. Lenz.
Erstveröffentlichung der Originalausgabe mit dem Titel „Human Rights, Questions & Answers“ in englischer Sprache: UNESCO 1981.

ISBN 3-85409-162-1

Graphische Gestaltung: Dorothea Löcker
Satz: Ch. Weismayer, Wien
Druck: Novographic Wien-Mauer
Printed in Austria
Löcker Verlag Wien 1989

VORWORT

Das Engagement der UNESCO für die Menschenrechte geht auf das Jahr 1947 zurück; in diesem Jahr veranstaltete sie eine Beratung über die Allgemeine Erklärung der Menschenrechte. Dazu zählte ein Schriftwechsel mit den bedeutendsten Intellektuellen und Moralphilosophen ihrer Zeit. 1965 ließ die UNESCO im Rahmen eines Round-Table-Gesprächs in Oxford die Auswirkungen der Allgemeinen Erklärung von Sozialwissenschaftern, Historikern und Philosophen einer Neubewertung unterziehen.

Im September 1978(1) veranstaltete die UNESCO in Wien einen Internationalen Kongreß über Menschenrechtserziehung. Dieser Kongreß war Teil des Beitrags, den die UNESCO zum 30. Jahrestag der Unterzeichnung der Allgemeinen Erklärung der Menschenrechte leistete. Zwei Monate später lud die UNESCO bei ihrer 20. Generalkonferenz dazu ein, Projekte über Menschenrechtserziehung auf der Grundlage von Empfehlungen des Wiener Kongresses zu erarbeiten. Eine dieser Empfehlungen betraf die Vorbereitung und Veröffentlichung von Unterrichtsmaterialien, die „die Interessen und Lebensumstände von Studenten berücksichtigen sollten, damit sie für sich selbst ihre Aufgabe bei der Förderung und Wahrung der Menschenrechte finden könnten", und die sich „sowohl auf die positiven als auch auf die negativen Umstände in bezug auf die Menschenrechte konzentrieren und die Erforschung von Möglichkeiten konkreter Aktionen zugunsten der Menschenrechte" ermöglichen sollten.

Im Bereich der Hochschulbildung hat die UNESCO bereits ein Handbuch über Menschenrechte veröffentlicht(2). Ein Leitfaden erschien 1987 in der Zeitschrift „Human Rights Teaching". Zusätzlich wurden Behelfe für den Menschenrechtsunterricht in bezug auf die Kultur und Sprache besonderer Gruppen in Auftrag gegeben. Um Unterrichtsmaterialien für ein breiteres Publikum und für andere Bildungsstufen, aber auch für die Aktivisten und nichtstaatlichen

---

(1) Siehe *„Menschenrechtserziehung. Bericht über den Internationalen Kongreß über Menschenrechtserziehung, Wien, 12. – 16. September 1978"*. Paris, UNESCO 1980.

(2) UNESCO, *„Die Internationale Dimension der Menschenrechte"*. Paris 1978 (französisch; eine überarbeitete und auf den neuesten Stand gebrachte englische Fassung erschien 1982, in spanischer Sprache 1984, japanisch 1984 und portugisisch 1983).

Organisationen, die sich für die Förderung der Menschenrechte einsetzen, anbieten zu können, beschloß die UNESCO, eine Broschüre mit Antworten auf die wichtigsten Fragen über die Bedeutung der international anerkannten Menschenrechte und über die bestehenden Verfahrensweisen für ihre Durchsetzung zu veröffentlichen. Im ersten Teil umreißt dieser Band kurz den Umfang und die Bedeutung der internationalen Menschenrechte. Im zweiten Teil erklärt er in einfachen Worten die Bedeutung jedes einzelnen Artikels der Allgemeinen Erklärung der Menschenrechte.

Leah Levin, eine Aktivistin im Sinne der Menschenrechte, ist derzeit Direktorin von „Justice" (der britischen Sektion der Internationalen Juristenkommission) und war früher Mitglied der Nationalen UNESCO-Kommission Großbritanniens (1980 – 1985); sie hat im Auftrag der UNESCO das vorliegende Buch zusammengestellt. Erstmals wurde es als mögliches Modell für ähnliche Unterrichtsmaterialien anläßlich des Internationalen Kongresses über Menschenrechtserziehung im Jahr 1978 vorgestellt; eine Kurzfassung erschien im *UNESCO-Kurier* (Oktober 1978). Der Text wurde in den Jahren 1980 und 1986 auf den neuesten Stand gebracht. Die erste Ausgabe wurde auch ins Deutsche, Französische und Spanische übersetzt. Die UNESCO spricht Frau Levin für ihre Arbeit Dank und Anerkennung aus.

Plantu, ein bekannter französischer Karikaturist, dessen Zeichnungen in zahlreichen Zeitungen, darunter auch in „Le Monde", erscheinen, hat die Illustrationen angefertigt. Durch das populäre und somit auch höchst wirksame Mittel der Karikatur hat er Widersprüche und Zielsetzungen der internationalen Menschenrechte im Bild eingefangen. Die UNESCO ist Plantu außerordentlich dankbar, daß er die Aufgabe der Menschenrechtserziehung in das Medium Bild umgesetzt hat.

Die Auswahl der Fakten und ihre Interpretation, die in Text und Bildern dieses Buches aufscheinen, unterliegen ausschließlich der Verantwortung der Autoren und spiegeln nicht notwendigerweise die Meinung der UNESCO wider. Die UNESCO hofft, daß das vorliegende Buch imstande sein wird, einen Beitrag zur Verbreitung des Wissens um die Menschenrechte zu leisten, ein Wissen, das letztlich eine Grundvoraussetzung für die Achtung dieser Rechte darstellt.

Die Schlußfolgerungen des Internationalen Kongresses über Menschenrechtserziehung definieren ziemlich exakt die Zielsetzung der vorliegenden Publikation:

(Erstmals erschienen in „Pauvres chéris", Paris, Editions du Centurion)

„Die jungen Menschen, die wir erziehen werden, sind begierig nach neuen Kulturformen, nach Kreativität, neuen Modellen und Symbolen. Wir bieten ihnen ein Projekt an, das ihrer Begeisterung und ihres Bestrebens nach Engagement würdig ist, ein Projekt, in dem sie ihren eigenen Beitrag zum Aufbau der Gesellschaft leisten können. Auf der Menschheit langem Weg in ihre Zukunft könnte es wohl keinen besseren Beitrag geben als den, zu gewährleisten, daß die Menschenrechte ihren festen Platz unter den künftigen Errungenschaften und Zielsetzungen der Menschheit erhalten."

Wir, die Völker der Vereinten Nationen, bekräftigen erneut

…

unseren Glauben an die grundlegenden Menschenrechte, an die Würde und den Wert der menschlichen Person, an die Gleichberechtigung von Mann und Frau, von kleinen und großen Völkern, und

haben beschlossen, den sozialen Fortschritt und bessere Lebensbedingungen bei größerer Freiheit zu fördern und

die Voraussetzungen zu schaffen, unter denen Gerechtigkeit und Achtung der Verpflichtungen aus Verträgen und anderen Instrumenten des Völkerrechts möglich sind.

…

Präambel, Charta der Vereinten Nationen

… die Generalversammlung verkündet die vorliegende Allgemeine Erklärung der Menschenrechte … mit dem Ziel, daß jeder einzelne und alle Organe der Gesellschaft sich diese Erklärung stets gegenwärtig halten und sich bemühen, durch Unterricht und Erziehung die Achtung dieser Rechte und Freiheiten zu fördern …

Allgemeine Erklärung der Menschenrechte.

ALSO, DA GIBT ES: „WAFFEN" „WEHRMACHT" „WETTRÜSTEN" „WÜRGEN"...
...ABER DAS WORT „WÜRDE" KANN ICH NICHT FINDEN
WÖRTERBUCH
PLONTA

Internationale Menschenrechte: Schutz des einzelnen vor Übergriffen des Staates

● *Was versteht man unter Menschenrechten?*

Der Begriff Menschenrechte hat zwei Grundbedeutungen. Die erste ist, daß dem Menschen einfach aufgrund der Tatsache, daß er Mensch ist, gewisse angeborene und unveräußerliche Rechte zustehen. Es sind dies die *moralischen Rechte,* die sich aus dem Menschsein jedes einzelnen ableiten und die auf die Wahrung der Würde jedes Menschen ausgerichtet sind. Die zweite Bedeutung des Begriffs Menschenrechte liegt in den *juristischen Rechten,* die auf innerstaatlicher und internationaler Ebene, im Einklang mit der Verfassung der Gesellschaft, festgelegt werden. Rechtsbasis bildet die Zustimmung der Regierten, das heißt die Zustimmung der Subjekte dieser Rechte, und nicht so sehr eine natürliche Ordnung, welche die Grundlage der ersten Bedeutung darstellt.

● *Wie spiegelt sich diese Idee in der Praxis wider?*

Zu allen Zeiten und bis heute wurden und werden menschliches Leben und menschliche Würde mißachtet und verletzt. Dennoch reicht die Vorstellung von einer Gemeinschaftsordnung, die ohne Diskriminierung für alle Menschen Anwendung findet, viele Jahrhunderte zurück. In der Tat haben alle Gesellschaften Regeln, die gewisse Rechte sichern. Was man „Naturrecht" nennt, setzt ein Ordnungssystem voraus, dem das Leben in der Gesellschaft folgt. Die Vorstellung, daß das Leben in der Gesellschaft bestimmten Ordnungsregeln folgt, wird oft „Naturrecht" genannt. Das im Naturrecht anerkannte Prinzip der Gleichheit galt lange Zeit als Quelle und Maßstab für die politischen Rechte. Dennoch hat man stets Begründungen gesucht, um zwischen den Rechten der Menschen Unterschiede zu machen, und zwar aufgrund der fälschlichen Annahme, daß manche Menschen weniger fähig seien als andere, ja sogar vom Erbgut her minderwertig. Vor dem 19. Jahrhundert dienten solche Argumente der Rechtfertigung der Sklaverei, der Rechtsverweigerung für die besitzlose Landbevölkerung oder – im 18. und 19. Jahrhundert – für gewisse Kategorien von Arbeitern. Zu allen Zeiten bis heute wurden und werden sie zur Begründung der Diskriminierung von Frauen (Sexismus) und von Menschen bestimmter Hautfarbe (Rassismus) benutzt(1).

Der Grundsatz der Gleichberechtigung aller Mitglieder der menschlichen Gemeinschaft, ebenso wie viele andere Grundprinzipien, die dem, was wir heute Menschenrechte nennen, zugrundeliegen, findet sich praktisch in allen Kulturen und Zivilisationen, Religionen und philosophischen Denkrichtungen(2). Eine dieser Richtungen ist die des „Naturrechts". Im 18. Jahrhundert wurde dieser frühe Naturrechtsgedanke von einer Anerkennung der natürlichen Rechte zu gesetzlich festgelegten Rechten weiterentwickelt. Erstmals wurden diese Rechte ein wesentlicher Bestandteil der nationalen Verfassungen und spiegelten so eine fast vertraglich geregelte Beziehung zwischen dem Staat und dem einzelnen wider, was den Sachverhalt unterstrich, daß die Macht des Staates von der Zustimmung des freien Individuums ausging. Die Amerikanische Unabhängigkeitserklärung und die Französische Erklärung der Menschen- und Bürgerrechte beruhen beide auf diesem Grundsatz. Im Verlauf des 19. und 20. Jahrhunderts wurde dieses Prinzip von zahlreichen europäischen, lateinamerikanischen und den nicht-kolonisierten asiatischen Staaten aufgegriffen und durch wichtige neue soziale und wirtschaftliche Rechte ergänzt. Nach dem Zweiten Weltkrieg, als viele afrikanische und asiatische Staaten die Unabhängigkeit erlangten, erkannten auch sie die Bedeutung der Menschenrechte in ihren neuen Verfassungen an; in manchen Fällen wurde die Allgemeine Erklärung der Menschenrechte in diese Verfassungen aufgenommen. In der Tat war der Kampf gegen den Kolonialismus in vielen Fällen in Begriffe der Menschenrechte gekleidet. Trotz der Anerkennung der Menschenrechte und ihrer Verankerung in den nationalen Verfassungen werden diese Rechte manchmal durch Gesetze, Willkürmaßnahmen oder – ganz allgemein –

(1) Zur Thematik Diskriminierung, Rassismus, Sexismus und Kolonialismus siehe: Betty Reardon, *„Discrimination"*. Sydney, New York, Toronto und London, Holt, Rinehart & Winston 1977.

(2) In zwei wichtigen Publikationen werden die Einflüsse verschiedener Denkrichtungen auf die Menschenrechte untersucht: *„Menschenrechte, Kommentare und Interpretationen"*, London und New York, Alban Wingate 1948 (englisch) und *„Geburtsrecht des Menschen"*, Paris, UNESCO 1968.

durch gesellschaftliche Mechanismen eingeengt oder sogar ausgeschaltet. Rechte werden von Staaten häufig verletzt, obwohl sie durch das Gesetz festgelegt sind. Wenngleich Gesetze die Anerkennung der Menschenrechte gewährleisten, bedarf es doch der Beobachtung und der Durchführung, um sicherzustellen, daß die Menschenrechte als verwirklicht betrachtet werden können. Im Bereich der wirtschaftlichen und sozialen Rechte ist die Chancengleichheit ein wichtiger Faktor bei der Verwirklichung dieser Rechte.

● *Gibt es andere Wege, den Schutz der Menschenrechte zu fördern?*

Der Staat gewährleistet und schützt die Menschenrechte; in Übereinstimmung mit einer traditionellen Regel zwischenstaatlicher Beziehungen haben die Regierungen grundsätzlich kein Recht, sich in die Angelegenheiten eines anderen Staates einzumischen.

Seit dem Ende des Ersten Weltkrieges ist jedoch die Überzeugung gewachsen, daß man es nicht den Regierungen allein überlassen dürfe, diese Rechte zu gewährleisten, und daß dafür internationale Garantien erforderlich seien. Der Völkerbund versuchte, wenngleich in seinem Mandat die Menschenrechte nicht ausdrücklich erwähnt waren, den Schutz der Menschenrechte auf internationaler Ebene zu übernehmen. Die Bemühungen des Völkerbundes beschränkten sich jedoch darauf, bestimmte Voraussetzungen für den Schutz von Minderheiten in einigen wenigen Ländern zu schaffen.

Der stärkste Druck zu einer Internationalisierung der Menschenrechte entstand infolge des Zweiten Weltkrieges, in dem totalitäre Regime die Menschenrechte in eigenen und besetzten Gebieten auf das Gröbste verletzt hatten und für die Ausrottung ganzer Volksgruppen aufgrund deren Rasse, Religion oder Nationalität verantwortlich waren. Die Erfahrungen dieses Krieges führten zu der weitverbreiteten Überzeugung, daß ein wirksamer internationaler Schutz der Menschenrechte eine der wesentlichsten Voraussetzungen für internationalen Frieden und Fortschritt sei. In der Folge manifestierte sich diese Überzeugung in der Charta der Vereinten Nationen. *Artikel 1* der Charta stellt fest, daß eines der Ziele der Vereinten Nationen in der internationalen Zusammenarbeit bei der „Förderung und Stärkung der Achtung für die Menschenrechte und

Grundfreiheiten für alle Menschen, unabhängig von Rasse, Geschlecht, Sprache oder Religion" zu sehen sei. *Artikel 55* enthält eine ähnliche Zielsetzung; und in *Artikel 56* verpflichten sich alle Mitgliedstaaten der Vereinten Nationen, „sowohl gemeinsame als auch individuelle Handlungen zu setzen, um in Zusammenarbeit mit der Organisation die in Artikel 55 festgelegten Ziele zu erreichen".

Die in der Charta enthaltenen Bestimmungen besitzen die Kraft des positiven Völkerrechts, weil die Charta ein Vertrag und damit ein rechtlich verbindliches Dokument ist. Alle Mitgliedstaaten der Vereinten Nationen sind gehalten, den mit der Charta übernommenen Verpflichtungen getreulich nachzukommen; dazu zählt auch die Verpflichtung, die Achtung und Einhaltung der Menschenrechte zu fördern, und zwar in Zusammenarbeit mit den Vereinten Nationen sowie mit anderen Staaten.

● *Warum verweigern manche Staaten die internationale Kontrolle darüber, ob sie ihrer Verpflichtung zur Förderung und zum Schutze der Menschenrechte im Sinne der Charta nachkommen?*

Einer der Charta-Artikel *(Artikel 2, Abs. 7)* fordert, daß sich die Vereinten Nationen nicht „in Angelegenheiten einmischen dürfen, die grundsätzlich unter die Rechtshoheit der einzelnen Staaten fallen ...".

Diese Bestimmung wird oft von Staaten zitiert, die keine Diskussion über ihre Angelegenheiten wünschen, insbesondere in Fällen, wo ihre Handlungen in Widerspruch zu den Menschenrechten stehen; zu gleicher Zeit wären sie aber durchaus bereit, über die Angelegenheiten anderer Staaten zu diskutieren. Und dieselben Regierungen haben Resolutionen der Vereinten Nationen unterstützt, die Nachforschungen in den Angelegenheiten anderer Mitgliedstaaten beschlossen. Das Prinzip der Nichteinmischung ist ein anerkannter Grundsatz der zwischenstaatlichen Beziehungen, er wird jedoch bisweilen aus politischen Gründen mißbräuchlich oder selektiv angewendet. So kommt es, daß manche Regierungen zu verschiedenen Zeiten unterschiedliche Standpunkte eingenommen haben. Eine weithin anerkannte Interpretation des *Artikels 2, Abs. 7* stellt fest, daß sich der Begriff „Intervention" in erster Linie auf die „physische" Intervention beziehe und daher eine Diskussion darüber und die Untersuchung des Verhaltens von Staaten in Bereichen ihrer innerstaatlichen Rechtshoheit nicht von vornherein ausschließen. Es gibt keine einfache Antwort auf die Frage nach der korrekten Anwendung des Prinzips der Nichteinmischung. Man könnte argumentieren, daß die Aussichten für die Förderung und den Schutz der Menschenrechte umso größer sein werden, je seltener sich die Frage nach der Nichteinmischung stellt.

● *Kann man daraus folgern, daß die Charta der Vereinten Nationen in konkreten Fällen Einfluß ausüben kann?*

Die Charta hält fest, daß Frieden und internationale Stabilität in direktem Zusammenhang mit der Anerkennung und Achtung der Menschenrechte stehen, und sie versucht Bedingungen zu schaffen, unter denen Frieden und Menschenrechte möglich werden. Sie stellt auch eine enge Verbindung zwischen Menschenrechten und anderen Weltproblemen, wie etwa der Förderung des wirtschaftlichen und sozialen Fortschritts, her.

Seit der Unterzeichnung der Charta haben in der Welt bedeutende Veränderungen stattgefunden, besonders was die Entkolonisierung betrifft. Viele neue Staaten sind Mitglieder der Vereinten Nationen geworden und daher der Charta verpflichtet. Da die Grundsätze der Charta allgemeiner Natur sind, war es notwendig, genauere Definitionen der Menschenrechte und menschlichen Freiheiten zu finden, damit diese Zielsetzungen der Charta auch tatsächlich konkret verfolgt und ein System zum Schutz der Menschenrechte errichtet werden können.

● *Wie geschah das?*

Im Jahr 1945 wurde eine UN-Menschenrechtskommission ins Leben gerufen, deren Aufgabe es war, eine Internationale Menschenrechts-Charta zu erarbeiten und darin die in der UN-Charta enthaltenen Rechte und Freiheiten zu definieren.

Der erste Teil dieser Arbeit fand am 10. Dezember 1948 seinen Abschluß, als die Generalversammlung der Vereinten Nationen einstimmig die Allgemeine Erklärung der Menschenrechte als „eine allen Völkern und Nationen gemeinsame Zielsetzung“ annahm.

● *Welche Rechte enthält die Allgemeine Erklärung?*

Man kann diese Rechte ganz grob in zwei Arten von Rechten einteilen. Die erste Gruppe beinhaltet die bürgerlichen und politischen Rechte – dazu zählen das Recht auf Leben, Freiheit, Sicherheit der Person; die Freiheit von Folter und Sklaverei; das Recht auf Besitz, Heirat und die Grundfreiheiten der Meinung, des Ausdrucks, der Gedanken, des Gewissens und der Religion sowie das Recht auf Vereins- und Versammlungsfreiheit.

Die zweite Gruppe umfaßt die wirtschaftlichen, sozialen und kulturellen Rechte, die sich auf Arbeit, angemessenen Lebensstandard, Bildung und Freiheit des kulturellen Lebens beziehen. Außerdem formuliert der erste Artikel der Deklaration die Allgemeingültigkeit der Rechte in Begriffen der Unteilbarkeit der menschlichen Würde; der zweite Artikel enthält den Anspruch aller Menschen auf die angeführten Rechte ohne Unterschied irgendwelcher Art. Das den in der Deklaration ausgerufenen Rechten zugrundeliegende Prinzip ist in der Präambel zur Deklaration enthalten, die damit beginnt, daß die „allen Mitgliedern der menschlichen Familie innewohnende Würde und ihre gleichen und unveräußerlichen Rechte" anerkannt werden. Der zweite Teil der vorliegenden Broschüre erklärt die Bedeutung jedes einzelnen Artikels der Allgemeinen Erklärung der Menschenrechte.

● *Wie steht es um die Anerkennung der Allgemeinen Erklärung der Menschenrechte durch Staaten, die damals noch nicht Mitglieder der Vereinten Nationen waren?*

Die Auswirkungen der Erklärung und ihre Anwendung beweisen die weltweite Annahme der Menschenrechtsdeklaration, die zu einer Bezugsnorm auf dem Gebiet der Menschenrechte für alle Länder geworden ist.

In formaler Hinsicht wurden Teile der Erklärung in vielen nationalen Verfassungen und internationalen Rechtsinstrumenten zitiert; sie findet auch ihren Niederschlag in regionalen Abkommen und Verträgen und in vielen späteren Rechtsmitteln der Vereinten Nationen, die von den Mitgliedstaaten beschlossen wurden. Regierungen zögern nicht, die Erklärung anzurufen, wenn sie andere

Länder der Verletzung der Menschenrechte beschuldigen wollen; sie erkennen damit die allgemeine Gültigkeit der Erklärung an.

Zusammen mit der Charta der Vereinten Nationen diente die Allgemeine Erklärung der Menschenrechte Millionen von Menschen in den ehemaligen Kolonien als Anregung und Mittel zur Erlangung der Selbstbestimmung. Die Allgemeingültigkeit der Forderung nach Menschenrechten erwies sich als Rechtfertigung für die Befreiung dieser unterdrückten Völker. Im Jahr 1969 sagte der Präsident der Vereinigten Republik Tanzania, Julius Nyerere, vor der Generalversammlung der Vereinten Nationen: „Wir werden uns bemühen, die Allgemeine Erklärung der Menschenrechte als Grundlage unserer Innen- wie auch Außenpolitik zu verwenden."

● *Ist die Allgemeine Erklärung der Menschenrechte für die Staaten rechtsverbindlich?*

Die Erklärung als solche ist kein gesetzlich bindendes Dokument, doch haben die Mitgliedstaaten durch ihre Handlungen und die Anwendung der Erklärung ihr eine Gesetzeskraft verliehen, die es möglich macht, sie sowohl auf internationaler als auch auf nationaler Ebene rechtlich, moralisch und politisch anzurufen. Im Jahr 1962 definierte der Rechtsberater der Vereinten Nationen eine Deklaration in der UN-Praxis als ein „feierliches Instrument, das nur äußerst selten, in Fällen von wesentlicher und langfristiger Bedeutung angewendet werden soll, wenn man eine maximale Befolgung erwartet".

Die Zustimmung der internationalen Gemeinschaft kam im Jahr 1968 anläßlich der Teheraner Konferenz über Menschenrechte zum Ausdruck; übereinstimmend stellte man fest, daß die Allgemeine Erklärung der Menschenrechte „eine allgemeine Anerkennung aller Völker der Welt im Hinblick auf die unveräußerlichen Rechte aller Mitglieder der menschlichen Familie enthält und allen Mitgliedern der internationalen Gemeinschaft eine entsprechende Verpflichtung auferlegt"(1). Es gibt keine rechtlichen Sanktionen, mit deren Hilfe man Staaten zur Einhaltung dieser Verpflichtung zwingen könnte. Wie dies auch bei anderen Bereichen des Völkerrechts

---

(1) Erklärung von Teheran, Abs. 2, beschlossen von der Internationalen Konferenz über Menschenrechte, 13. Mai 1968.

und der internationalen Praxis der Fall ist, besteht die wichtigste Sanktion der internationalen Gemeinschaft darin, daß sie jenen Staaten ihr Vertrauen entzieht, die sich weigern, in der Erfüllung ihrer Pflichten mit der Gemeinschaft zusammenzuarbeiten.

● *Welche anderen Instrumente sind ebenfalls Teil der Internationalen Menschenrechts-Charta?*

Die Allgemeine Erklärung der Menschenrechte war die erste Stufe eines Drei-Stufen-Plans.

Der zweite und dritte Teil der Internationalen Menschenrechts-Charta wurden am 16. Dezember 1966 von der Generalversammlung der Vereinten Nationen angenommen. Sie bestanden aus zwei Verträgen – dem Internationalen Pakt über wirtschaftliche, soziale und kulturelle Rechte und dem internationalen Pakt über bürgerliche und politische Rechte, zusammen mit dem Fakultativprotokoll zum Pakt über bürgerliche und politische Rechte. Durch die Annahme dieser Instrumente konnte die internationale Gemeinschaft nicht nur über die Inhalte der einzelnen in der Allgemeinen Erklärung enthaltenen Rechte, sondern auch über die Bedingungen Einigung erzielen, unter denen Staaten von diesen Rechten Abstriche machen oder sie beschränken können.

● *Wodurch unterscheiden sich die Internationalen Pakte von der Erklärung?*

Erstens sind die Pakte rechtlich verbindliche Verträge. Zweitens akzeptieren Staaten, die diesen Bündnissen beitreten, gewisse Maßnahmen zur Durchführung der Artikel; dazu zählt auch die Vorlage von Berichten über die Einhaltung der Bestimmungen dieser Pakte. Drittens: Obwohl die Generalversammlung der Vereinten Nationen die beiden Pakte bereits 1966 beschlossen hatte, traten sie erst 1976 in Kraft, weil erst zu diesem Zeitpunkt die dafür erforderlichen 35 Staaten sie ratifiziert hatten. Viertens sind diese Pakte nur für jene Staaten verbindlich, die sie ratifiziert haben. Bis zum 30. November 1986 hatten 85 Staaten den Internationalen Pakt über bürgerliche und politische Rechte und 88 Staaten den Internationalen Pakt über wirtschaftliche, soziale und kulturelle Rechte(1) sowie 38 Staaten das Fakultativprotokoll(2) ratifiziert.

● *Welche Mittel sind zur Durchsetzung des Paktes über bürgerliche und politische Rechte vorgesehen?*

Artikel 28 des Paktes sieht die Einrichtung eines Menschenrechtskomitees vor, das aus 18 unabhängigen Fachleuten besteht, die von den Vertragsstaaten des Paktes in ihrer persönlichen Eigenschaft nominiert und gewählt werden.

Das Komitee hat drei Möglichkeiten, die Einhaltung der Bestimmungen des Paktes zu überwachen: Erstens prüft gemäß *Artikel 40* das Komitee periodische Berichte der Vertragsstaaten über die Einhaltung des Paktes; zweitens hat es gemäß *Artikel 41* die Möglichkeit, Beschwerden eines Mitgliedstaates gegen einen anderen zu prüfen, vorausgesetzt, daß beide in entsprechender Form die Rolle des Komitees ausdrücklich anerkannt haben; drittens kann gemäß den Bestimmungen des Fakultativprotokolls das Komitee Beschwerden von Einzelpersonen entgegennehmen und behandeln, die gegen Verletzungen ihrer Rechte im Sinne des Paktes durch den Staat Einspruch erheben.

---

(1) Afghanistan, Ägypten, Argentinien, Australien, Barbados, Belgien, Bjelorussische SSR, Bolivien, Bulgarien, Bundesrepublik Deutschland, Chile, Dänemark, Demokratische VR Korea, Deutsche Demokratische Republik, Ekuador, El Salvador, Finnland, Frankreich, Gabun, Gambia, Großbritannien, Guinea, Guyana, Indien, Irak, Iran, Island, Italien, Jamaika, Japan, Jordanien, Jugoslawien, Kamerun, Kanada, Kenia, Kolumbien, Kongo, Kostarika, Libanon, Libyen, Luxemburg, Madagaskar, Mali, Marokko, Mauritius, Mexiko, Mongolei, Neuseeland, Niederlande, Niger, Nikaragua, Norwegen, Österreich, Panama, Peru, Philippinen, Polen, Portugal, Ruanda, Rumänien, St. Vincent und die Grenadinen, San Marino, Schweden, Senegal, Spanien, Sri Lanka, Sudan, Surinam, Syrien, Tanzania, Togo, Trinidad & Tobago, Tschechoslowakei, Tunesien, UdSSR, Ukrainische SSR, Ungarn, Uruguay, Venezuela, Vietnam, Zaire, Zambia, Zentralafrikanische Republik, Zypern; nur den Pakt für wirtschaftliche, soziale und kulturelle Rechte haben Griechenland, Honduras und die Salomon-Inseln ratifiziert.

(2) Argentinien, Barbados, Bolivien, Dänemark, Dominikanische Republik, Ekuador, Finnland, Frankreich, Island, Italien, Jamaika, Kamerun, Kanada, Kolumbien, Kongo, Kostarika, Luxemburg, Madagaskar, Mauritius, Niederlande, Niger, Nikaragua, Norwegen, Panama, Peru, Portugal, St. Vincent und die Grenadinen, San Marino, Schweden, Senegal, Spanien, Surinam, Trinidad & Tobago, Uruguay, Venezuela, Zaire, Zambia, Zentralafrikanische Republik.

Gemäß *Artikel 40* des Paktes muß jeder Staat spätestens ein Jahr nach seinem Beitritt zum Pakt einen Bericht vorlegen, und danach immer dann, wenn das Komitee solche Berichte verlangt. Das Komitee studiert diese Berichte, nimmt dazu Stellung und erstattet auch jährlich Bericht an die Generalversammlung der Vereinten Nationen und an den Wirtschafts- und Sozialrat (ECOSOC).

Die Berichte werden öffentlich und in Anwesenheit eines Vertreters des betroffenen Staates geprüft, der dazu auch befragt werden kann. Das Komitee kann seine Stellungnahmen auch direkt an Regierungen richten.

● *Welche Wirksamkeit besitzen diese Berichte?*

Da der Schutz der Menschenrechte davon abhängt, ob sie auf nationaler Ebene beachtet werden, sind die Einflußmöglichkeiten des Komitees, das ja über seine Kommentare hinaus keine Mittel zur Hand hat, beschränkt. Man kann jedoch sagen, daß sich aus der Überprüfung der Berichte in der Öffentlichkeit ein gewisser Überzeugungswert ergibt, da die Regierungen im allgemeinen auf öffentliche Kritik an ihrer Handhabung der Menschenrechte ziemlich empfindlich reagieren. Hauptzielsetzung des Komitees ist es darüberhinaus, einen konstruktiven Dialog mit den berichtenden Staaten herzustellen und sie dadurch zu einer Einhaltung der Bestimmungen des Paktes zu ermuntern.

Berichtende Staaten werden zu diesem Zweck aufgerufen, den Text der Pakte in der Öffentlichkeit bekanntzumachen, sie in die wichtigsten nationalen Sprachen zu übersetzen und den zuständigen Verwaltungs- und Justizbehörden zur Kenntnis zu bringen. Es wurden verschiedene Möglichkeiten in Angriff genommen, um Regierungen bei der Erfüllung ihrer Berichtspflicht im Rahmen des Paktes mit technischer Hilfe zu unterstützen.

● *Wie behandelt das Komitee zwischenstaatliche Beschwerden?*

Das Vorgehen bei zwischenstaatlichen Beschwerden wurde am 28. März 1979 wirksam, als zehn Staaten gemäß *Artikel 41* die erforderliche Erklärung abgegeben hatten. Bis zum 30. November 1986 hat-

MENSCHEN-
RECHTS-
KOMMISSION
DER GEHT MIR
AUF DIE NERVEN!
PLANTU

ten 19 Staaten diese Erklärung abgegeben(1). Das Verfahren sieht eine Beschwerde eines Vertragsstaates darüber vor, daß ein anderer Vertragsstaat „die Verpflichtungen des vorliegenden Paktes nicht einhalte".

Bisher wurde jedoch noch keine solche Beschwerde vorgebracht. Das Komitee wird solche Beschwerden erst dann behandeln, wenn sichergestellt ist, daß alle nationalen Mittel erschöpft wurden, und es wird seine Aufgabe sein, eine einvernehmliche Lösung zu finden. Sollte dieses Vorgehen erfolglos bleiben, so sieht *Artikel 42* des Paktes vor, daß das Komitee im Einvernehmen mit den betroffenen Staaten eine Ad-hoc-Beratungskommission einsetzen kann. Diese besteht aus fünf Personen, die nicht Angehörige der betroffenen Staaten sind; ihre Aufgabe ist es, eine „freundschaftliche Lösung" zu finden. Alle Vorgänge in diesem Zusammenhang sind vertraulich.

● *Wie behandelt das Komitee Beschwerden von Einzelpersonen?*

In Übereinstimmung mit dem Fakultativprotokoll zum Pakt über bürgerliche und politische Rechte kann sich das Komitee auch mit Beschwerden von Einzelpersonen befassen, die eine Verletzung ihrer im Pakt beschriebenen Rechte vorbringen. Nur Bürger jener Länder, die das Fakultativprotokoll ratifiziert haben, können an das Komitee schriftliche Eingaben richten. Es gibt auch die Möglichkeit, daß Opfer durch andere Personen vertreten werden, wenn der Betroffene nicht in der Lage ist, sich persönlich an das Komitee zu wenden.

Das Komitee überprüft die Beschwerde in zwei Stufen: Zunächst einmal untersucht es die „Zulässigkeit" und hierauf die „Behandlungswürdigkeit". Beide Phasen vollziehen sich in geschlossener Sitzung. Um die Zulässigkeit festzustellen, werden mehrere Kriterien angewendet: Die Beschwerde darf nicht anonym sein; sie darf keinen Mißbrauch des Verfahrens darstellen; sie darf bei keinem anderen internationalen Gremium anhängig sein; der Beschwerdeführer

(1) Es handelt sich dabei um: Bundesrepublik Deutschland, Dänemark, Ekuador, Finnland, Großbritannien, Island, Italien, Kanada, Luxemburg, Neuseeland, Niederlande, Norwegen, Österreich, Peru, Philippinen, Schweden, Senegal, Spanien, Sri Lanka.

muß vorher alle möglichen innerstaatlichen Mittel ausgeschöpft haben.

Das Komitee ist berechtigt, jede von ihm als zulässig erkannte Beschwerde dem betreffenden Mitgliedstaat zur Kenntnis zu bringen, der seinerseits innerhalb von sechs Monaten dem Komitee eine schriftliche Erklärung unter Angabe möglicher Lösungen, die angeboten worden sein könnten, vorzulegen hat. Das Komitee berücksichtigt alle ihm vom ursprünglichen Vertragsstaat zur Verfügung gestellten schriftlichen Informationen. Nach vertraulicher Beratung über die Beschwerde beschließt das Komitee über Zulässigkeit und prozedurale Angelegenheiten und „Auffassungen" über den Fall, dem betroffenen Signatarstaat und der betroffenen Person zuzustellen. Ferner veröffentlicht es seine Entscheidungen und Auffassungen. Vom Beginn seiner Arbeit im Rahmen des Fakultativprotokolls im Jahr 1977 bis zum November 1986 behandelte das Komitee 211 Fälle; davon sind über 72 Auffassungen erarbeitet worden.

● *Welche Vorkehrungen gibt es zur Anwendung des Paktes über wirtschaftliche, soziale und kulturelle Rechte?*

Im Rahmen dieses Paktes legen die Signatarstaaten dem Komitee für wirtschaftliche, soziale und kulturelle Rechte (bestehend aus 18 von den Signatarstaaten nominierten und gewählten Mitgliedern, die ihre Arbeit in ihrer persönlichen Eigenschaft verrichten), das 1985 vom Wirtschafts- und Sozialrat der Vereinten Nationen (ECOSOC) eingerichtet wurde, Berichte vor; damit wird für die Durchsetzung des Paktes ein ähnliches Instrumentarium geschaffen wie für den Pakt über bürgerliche und politische Rechte. Ein Bericht über die Aktivitäten des Komitees, einschließlich einer zusammenfassenden Stellungnahme zu den von den Staaten vorgelegten Berichten wird ebenso dem ECOSOC vorgelegt wie etwaige relevante Schlußfolgerungen und Empfehlungen. Diese Schlußfolgerungen und Empfehlungen berücksichtigen Informationen, die von Sonderorganisationen der Vereinten Nationen in bezug auf die Anwendung des Paktes in ihren Tätigkeitsbereichen zur Verfügung gestellt werden und damit aktiv zur Arbeit des Komitees beitragen.

- *Gibt es neben der Internationalen Menschenrechts-Charta noch andere Mittel zum Schutz der Menschenrechte?*

Es gibt eine große Anzahl von Deklarationen, Empfehlungen und Konventionen, die von der Generalversammlung und anderen gesetzgebenden Körperschaften der Vereinten Nationen erarbeitet wurden. Sie befassen sich mit spezifischen Verpflichtungen und Schutzmaßnahmen bestimmter, in der Allgemeinen Erklärung und den Internationalen Pakten enthaltenen Menschenrechte, bestätigen aber auch bestimmte Rechte, die in der Internationalen Menschenrechts-Charta nicht gesondert aufgezählt sind. Die Deklarationen und die Empfehlungen richten sich für gewöhnlich an alle Mitgliedstaaten der Vereinten Nationen, haben jedoch nicht den gleichen rechtlich verbindlichen Charakter wie Konventionen, die für jene Staaten verbindlich sind, die sie ratifiziert haben. Dazu zählen Konventionen, die das Recht auf Leben und die Beseitigung von Diskriminierung beinhalten.

Völkermord

Im Dezember 1948 beschloß die Generalversammlung der Vereinten Nationen die Konvention über die Verhütung und Bestrafung des Völkermords. Sie trat im Jahr 1951 in Kraft und wurde bis zum 30. November 1986 von 97 Staaten ratifiziert(1). Der Begriff Völkermord wird in der Konvention als das Begehen gewisser Akte definiert, die die teilweise oder totale Zerstörung einer nationalen, eth-

---

(1) Ägypten, Äthiopien, Afghanistan, Albanien, Algerien, Argentinien, Australien, Bahamas, Barbados, Belgien, Bjelorussische SSR, Brasilien, Bulgarien, Bundesrepublik Deutschland, Burkina Faso, Burma, Chile, China, Dänemark, Deutsche Demokratische Republik, Dominikanische Republik, Ekuador, El Salvador, Fidschi, Finnland, Frankreich, Gabun, Gambia, Ghana, Griechenland, Großbritannien, Guatemala, Haiti, Honduras, Indien, Irak, Iran, Irland, Island, Israel, Italien, Jamaika, Jordanien, Jugoslawien, Kampuchea, Kanada, Kolumbien, Kostarika, Kuba, Laos, Lesotho, Libanon, Liberia, Luxemburg, Malediven, Mali, Marokko, Mexiko, Monaco, Mongolei, Mozambique, Nepal, Neuseeland, Niederlande, Nikaragua, Norwegen, Österreich, Pakistan, Panama, Papua-Neuguinea, Peru, Philippinen, Polen, Republik Korea, Ruanda, Rumänien, St. Vincent und die Grenadinen, Saudi-Arabien, Schweden, Senegal, Spanien, Sri Lanka, Syrien, Tanzania, Togo, Tonga, Tschechoslowakei, Türkei, Tunesien, UdSSR, Ukrainische SSR, Ungarn, Uruguay, Venezuela, Vietnam, Zaire, Zypern.

nischen, rassischen oder religiösen Gruppe zum Ziel haben. Im Völkerrecht wird der Völkermord als Verbrechen definiert, egal, ob er in Kriegs- oder Friedenszeiten begangen wird.

Beseitigung der Diskriminierung

Das Internationale Übereinkommen über die Beseitigung aller Formen rassischer Diskriminierung trat im Jahr 1969 in Kraft und wurde bis zum 30. November 1986 von 124 Staaten ratifiziert(1). Es stellt die umfassendste Meinungsäußerung der Vereinten Nationen zu Fragen der Diskriminierung aufgrund von Rasse, Hautfarbe oder ethnischer Herkunft dar. Die Unterzeichnerstaaten verpflichten sich, eine Politik der Beseitigung von rassischer Diskriminierung in allen ihren Erscheinungsformen zu verfolgen, den Schutz bestimmter rassicher Guppen zu gewährleisten und ihren Mitgliedern volle und gleichberechtigte Ausübung der Menschenrechte und Grundfreiheiten zu sichern.

Ein Sonderkomitee zur Beseitigung rassischer Diskriminierung (CERD) wurde im Rahmen des Übereinkommens eingerichtet, um die Einhaltung der Bestimmungen durch die Regierungen der Unterzeichnerstaaten zu überwachen. Das Komitee hat vier Aufgaben: Die erste – und bisher wichtigste – ist die Überprüfung der Berichte der Mitgliedstaaten über die von ihnen ergriffenen Maßnahmen zur Durchführung des Übereinkommens. Die zweite Aufgabe besteht in der Anwendung jener Bestimmungen, die es dem Komitee ermöglichen, sich mit zwischenstaatlichen Beschwerden zu befassen

(1) Ägypten, Äthiopien, Afghanistan, Algerien, Argentinien, Australien, Bahamas, Bangladesch, Barbados, Belgien, Bjelorussische SSR, Bolivien, Botswana, Brasilien, Bulgarien, Bundesrepublik Deutschland, Burkina Faso, Burundi, Chile, China, Dänemark, Deutsche Demokratische Republik, Dominikanische Republik, Ekuador, El Salvador, Elfenbeinküste, Fidschi, Finnland, Frankreich, Gabun, Gambia, Ghana, Griechenland, Großbritannien, Guatemala, Guinea, Guyana, Haiti, Indien, Irak, Iran, Irland, Island, Israel, Italien, Jamaika, Jemen (demokr.), Jordanien, Jugoslawien, Kamerun, Kampuchea, Kanada, Kap Verde, Kolumbien, Korea (Republik), Kostarika, Kuba, Kuwait, Laos, Lesotho, Libanon, Liberia, Libyen, Luxemburg, Madagaskar, Malediven, Mali, Malta, Marokko, Mauritius, Mexiko, Mongolei, Mozambique, Namibia, Nepal, Neuseeland, Niederlande, Niger, Nigeria, Nikaragua, Norwegen, Österreich, Pakistan, Panama, Papua-Neuguinea, Peru, Philippinen, Polen, Portugal, Qatar, Ruanda, Rumänien, St. Vincent und die Grenadinen, Salomon-Inseln, Schweden, Sudan, Surinam, Swasiland, Syrien, Tanzania, Togo, Tonga, Uganda, Ukrainische SSR, Ungarn, Uruguay, Vatikan, Venezuela, Vereinigte Arabische Emirate, Vietnam, Zaire, Zambia, Zentralafrikanische Republik, Zypern.

(bisher noch von keinem Staat in Anspruch genommen). Die dritte Aufgabe ist die Überprüfung von Beschwerden von Einzelpersonen oder Gruppen von Einzelpersonen gegen Staaten, vorausgesetzt, daß der betroffene Staat das Recht des einzelnen auf Eingaben anerkannt hat. Diese Vorgangsweise trat im Dezember 1982 in Kraft, als zehn Staaten dieses Recht anerkannt hatten. Bis zum 30. November 1986 war deren Zahl auf zwölf gestiegen(1). Die vierte Funktion ist die Unterstützung einzelner Organe der Vereinten Nationen bei der Untersuchung der Eingaben von Bewohnern von Treuhand- und nichtautonomen Gebieten. Gewisse Erfolge hat das Komitee dahingehend zu verzeichnen, daß die Staaten Berichte vorlegen und dafür sorgen, daß die Regierungen bei der Überprüfung dieser Berichte vertreten sind, wodurch zusätzliche Informationen zur Verfügung stehen. Das Komitee spricht keine formellen Verurteilungen aus und verfolgt eine Strategie des informellen Dialogs, um damit die Regierungen zur Einhaltung ihrer Verpflichtungen zu veranlassen. Das Komitee legt jährlich Bericht an die Generalversammlung der Vereinten Nationen und macht „Anregungen und allgemeine Empfehlungen", die jedoch, um wirksam zu werden, von der Generalversammlung genehmigt werden müssen.

Ein weiteres Instrument gegen die Diskriminierung ist die Konvention zur Beseitigung jeglicher Form der Diskriminierung von Frauen, die von der Generalversammlung der Vereinten Nationen am 18. Dezember 1979 beschlossen wurde, am 2. September 1981 in Kraft trat, nachdem 23 Mitgliedstaaten sie ratifiziert hatten. Bis zum 30. November 1986 haben 92 Staaten diese Konvention ratifiziert(2). *Artikel 17* der Konvention sieht die Errichtung eines Komi-

---

(1) Dänemark, Ekuador, Frankreich, Island, Italien, Kostarika, Niederlande, Norwegen, Peru, Schweden, Senegal, Uruguay.

(2) Ägypten, Äquatorial-Guinea, Äthiopien, Angola, Argentinien, Australien, Bangladesch, Barbados, Belgien, Bhutan, Bjelorussische SSR, Brasilien, Bulgarien, Bundesrepublik Deutschland, China, Dänemark, Deutsche Demokratische Republik, Dominikanische Republik, Ekuador, El Salvador, Finnland, Frankreich, Gabun, Ghana, Griechenland, Großbritannien, Guatemala, Guinea, Guinea-Bissau, Guyana, Haiti, Honduras, Indonesien, Irak, Irland, Island, Italien, Jamaika, Japan, Jemen (demokrat.), Jugoslawien, Kanada, Kap Verde, Kenia, Kolumbien, Kongo, Korea (Republik), Kostarika, Kuba, Laos, Liberia, Mali, Mauritius, Mexiko, Mongolei, Neuseeland, Nigeria, Nikaragua, Norwegen, Österreich, Panama, Peru, Philippinen, Polen, Portugal, Ruanda, Rumänien, Schweden, Senegal, Spanien, Sri Lanka, St. Christopher und Nevis, St. Lucia, St. Vincent und die Grenadinen, Tanzania, Thailand, Togo, Trinidad & Tobago, Tschechoslowakei, Türkei, Tunesien, UdSSR, Uganda, Ukrainische SSR, Ungarn, Uruguay, Venezuela, Vietnam, Zaire, Zambia, Zypern.

BESCHWERDE ÜBER
MENSCHENRECHTS-
VERLETZUNG

UN
PLANTU

tees für die Beseitigung der Diskriminierung von Frauen vor, das sich mit den Fortschritten bei der Durchführung der Konvention zu befassen haben wird.

Die UNESCO-Deklaration über Rasse und Rassenvorurteil wurde im Jahr 1978 einstimmig angenommen, zusammen mit einer Resolution über die Durchführung dieser Deklaration, mit welcher Mitgliedstaaten aufgefordert werden, im Wege des Generaldirektors die Generalkonferenz über jene Schritte zu informieren, die sie unternommen haben, um den Grundsätzen der Deklaration zum Durchbruch zu verhelfen. Auch internationale nichtstaatliche Organisationen sind zur Mitarbeit aufgerufen und sollen an der Durchführung der in der Deklaration niedergelegten Grundsätze mitwirken.

● *Kann sich jede/r an die Vereinten Nationen wenden, der/die meint, daß er/sie in seinen/ihren Menschenrechten verletzt wird?*

Seit ihren Anfängen haben die Vereinten Nationen Hunderttausende von Beschwerden von Einzelpersonen und Organisationen erhalten, in denen vermeintliche Menschenrechtsverletzungen angezeigt wurden. Gegenwärtig treffen jährlich rund 40.000 solcher Beschwerden bei den Vereinten Nationen ein.

● *Was geschieht mit diesen Eingaben?*

Die Menschenrechtskommission, ein Hilfsorgan des Wirtschafts- und Sozialrates (ECOSOC), ist für die Behandlung dieser Beschwerden zuständig, hat jedoch im Rahmen ihres Instrumentariums nicht die Möglichkeit, Maßnahmen im Hinblick auf die Beschwerden von Einzelpersonen zu ergreifen.

Als die Kommission ins Leben gerufen wurde, gab es keine Vorkehrungen, mit deren Hilfe einzelne oder Gruppen sich gegen vermeintliche Verletzungen der Menschenrechte zur Wehr setzen konnten; die Kommission stellte daher fest, „daß sie keine Macht habe, irgendwelche Maßnahmen im Hinblick auf Menschenrechtsbeschwerden zu ergreifen“. Es entwickelte sich jedoch mit der Zeit ein Vorgang, demzufolge aus den eingehenden Beschwerden zwei

Listen erstellt wurden, eine öffentlich zugängliche Liste über die Grundsätze für den Schutz und die Förderung der Menschenrechte und eine vertrauliche Liste, die Beschwerden gegen einzelne Staaten enthielt.

Diese vertraulichen Beschwerdelisten wurden den Mitgliedern der Kommission zur Verfügung gestellt und die Regierung über die gegen sie eingebrachten spezifischen Beschwerden in Kenntnis gesetzt; die Antworten der Staaten wurden jedoch nicht an die Personen oder Gruppen, die die Beschwerden eingebracht hatten, weitergegeben. Diese Methode wurde im Jahr 1959 mit der Resolution 728 F des Wirtschafts- und Sozialrates genehmigt.

Zu Beginn der sechziger Jahre bewog die tiefe Beunruhigung vieler junger Nationen über die kolonialistischen und rassistischen Einstellungen im südlichen Afrika diese Staaten zu der Forderung, das Mandat der Vereinten Nationen dahingehend zu erweitern, daß schwere Verletzungen der Menschenrechte behandelt werden konnten. Im Jahr 1967 beschloß der Wirtschafts- und Sozialrat die Resolution 1235, in welcher die Menschenrechtskommission aufgefordert wird, „genaue Untersuchungen jener Situationen vorzunehmen, die durch ständige Verletzungen der Menschenrechte gekennzeichnet sind, wie beispielsweise mit der Politik der „Apartheid“, darüber dem Wirtschafts- und Sozialrat zu berichten und Empfehlungen auszusprechen. Die Untersuchungen wurden begonnen, und im Jahr 1967 setzte die Kommission eine „Arbeitsgruppe von Experten über Südafrika“ ein, die in der Folge auch mit der Untersuchung angeblicher Verletzungen der Menschenrechte in den besetzten arabischen Gebieten beauftragt wurde. 1975 setzte die Kommission eine Ad-hoc-Arbeitsgruppe über Chile ein. Diese Arbeitsgruppen konnten eine große Menge von Beweismaterial sammeln, auf dem nachfolgende Resolutionen der Generalversammlung und der Menschenrechtskommission beruhten.

Im Jahr 1970 wurde mit Resolution 1503 des Wirtschafts- und Sozialrates eine ziemlich komplexe, vertrauliche Vorgangsweise eingesetzt, mit deren Hilfe Beschwerden über „fortdauernde schwere und nachweisbare Verletzungen der Menschenrechte und Grundfreiheiten“ untersucht werden sollten. Erstmals konnten somit Beweise nicht nur von den Opfern der Verletzungen vorgebracht werden, sondern auch von irgendeiner Person, Gruppe oder nichtstaatlichen Organisation, die über direkte, verläßliche Kenntnis solcher Verletzungen verfügt. In erster Instanz werden die Beschwerden von einer Arbeitsgruppe der Unterkommission für die Beseitigung

(Erstmals erschienen in „Pauvres chéris“, Paris, Editions du Centurion)

von Diskriminierung und den Schutz von Minderheiten behandelt, einer Untergruppe der Menschenrechtskommission, die dieser verantwortlich ist. Diese Arbeitsgruppe erarbeitet Empfehlungen an die Unterkommission, die wiederum Empfehlungen an eine Arbeitsgruppe der Menschenrechtskommission macht. Die Menschenrechtskommission kann sich entweder für die Durchführung einer gründlichen Untersuchung der Situation mit Zustimmung des betroffenen Staates entscheiden oder ein Ad-hoc-Komitee zur Untersuchung der Situation einsetzen; in beiden Fällen werden die entsprechenden Berichte dem Wirtschafts- und Sozialrat vorgelegt. Die Kommission hat aber bisher noch nie zu diesen Maßnahmen gegriffen.

Der gesamte in Resolution 1503 festgehaltene Vorgang ist bis zu jenem Zeitpunkt vertraulich, zu dem die Menschenrechtskommission eine Empfehlung an den Wirtschafts- und Sozialrat richtet, was bislang aber noch nicht der Fall gewesen ist. Seit März 1978 hat die Kommission die Namen jener Länder bekanntgegeben, die im Rahmen der „1503er"-Maßnahmen im jeweiligen Jahr untersucht wurden. Bisher (1986) wurden insgesamt 38 Länder untersucht; manche von ihnen Jahr für Jahr. Länder, die im Rahmen der „1503er"-Maßnahmen genannt werden, können unter anderen Tagesordnungspunkten wegen ihrer Menschenrechtsverletzungen Gegenstand öffentlicher Diskussion werden.

Im Jahre 1979 löste die Kommission die Arbeitsgruppe über Chile auf und setzte einen Sonderberichterstatter ein; ab diesem Zeitpunkt wurde diese Vorgangsweise für eine Anzahl weiterer Länder gewählt, wie etwa Äquatorial-Guinea, El Salvador, Guatemala, Bolivien, Afghanistan, Iran und Polen. Der Berichterstatter ist angehalten, die Situation eingehend zu studieren und einen Bericht vorzulegen, der von der Kommission öffentlich diskutiert wird. Das Mandat der Sonderberichterstatter kann von Jahr zu Jahr verlängert werden. Zusätzlich wurde von der Unterkommission eine Sonder-Untersuchung über Kampuchea vorgenommen.

● *Welche anderen Maßnahmen gegen Menschenrechtsverletzungen wurden von der Menschenrechtskommission gesetzt?*

Neue Maßnahmen zur Behandlung wesentlicher Menschenrechtsfragen wurden entwickelt. Seit einigen Jahren wird die Frage des unfreiwilligen Verschwindens von Menschen, unter Heranziehung dokumentarischer Zeugnisse tausender solcher Fälle, in den Menschenrechtsgremien der Vereinten Nationen erörtert. Wie sich gezeigt hat, ist das unfreiwillige Verschwinden weltweit verbreitet und erfordert daher dringende Gegenmaßnahmen.

Im März 1980 setzte die Kommission eine „Arbeitsgruppe für Verschollene" ein, deren Aufgabenbereich sich seither von Jahr zu Jahr erweitert hat. Die Arbeitsgruppe besteht aus fünf Kommissionsmitgliedern, die in ihrer persönlichen Eigenschaft als Experten fungieren; sie untersuchen Fragen des erzwungenen oder unfreiwilligen Verschwindens von Menschen und verlangen von den betroffenen Regierungen diesbezügliche Informationen. Seit sie ihre Arbeit aufgenommen hat, sind der Gruppe zum Teil von Regierungen, zwischenstaatlichen Organisationen, der Europäischen Kommission für Menschenrechte und von nichtstaatlichen Organisationen, solche Fälle aus mehr als 40 verschiedenen Ländern berichtet worden.

Ein Sonderberichterstatter über Massen- und willkürliche Hinrichtungen wurde 1982 eingesetzt und hat seitdem jährlich Berichte vorgelegt. Er befaßt sich auftragsgemäß mit Klagen über jüngst vollzogene oder bevorstehende Hinrichtungen ohne vorhergehende Untersuchung oder mit Untersuchung, aber ohne ordentlichen Prozeß, über Folter oder Gewaltausübung mit tödlichen Folgen durch Militär oder andere Regierungs- und regierungsnahe Stellen.

1985 wurde ein Sonderberichterstatter über Folter ernannt, der im folgenden Jahr der Menschenrechtskommission seinen ersten Bericht vorlegte. Zu seinen Aufgaben zählt die Vorbereitung seines „umfassenden Berichtes" über das Problem der Folter, über ihr „Vorkommen und Ausmaß". Durch sein Mandat erhält er Informationen von nichtstaatlichen, aber auch aus offiziellen Quellen.

Bei der Kommissions-Sitzung des Jahres 1986 kam man überein, einen Sonderberichterstatter über religiöse Intoleranz einzusetzen.

● *In welchen Sonderorganisationen der Vereinten Nationen gibt es besondere Maßnahmen zum Schutz der Menschenrechte innerhalb ihrer eigenen Kompetenzbereiche?*

UNESCO – Organisation der Vereinten Nationen für Erziehung, Wissenschaft und Kultur

Der Wirkungsbereich der UNESCO erstreckt sich auf die Rechte in den Bereichen Erziehung, Wissenschaft, Kultur und Kommunikation, wozu auch die freie Meinungsäußerung zählt.

Die Maßnahmen, die die UNESCO in bezug auf die Förderung und Anwendung der Menschenrechte setzen kann, sind in den von ihr beschlossenen Konventionen und Empfehlungen niedergelegt. Die Durchführungsmethode besteht aus einem Berichtlegungs- und Beschwerdesystem.

Die UNESCO-Konvention gegen Diskriminierung im Unterricht trat 1962 in Kraft und ist von 77 Mitgliedstaaten ratifiziert worden[(1)]. Diese Konvention verpflichtet die Mitgliedstaaten zu einer nationalen Politik, die Chancen- und Behandlungsgleichheit im Bildungswesen fördert. Die Staaten nehmen es auf sich, wenn notwendig, durch gesetzgeberische Maßnahmen zu gewährleisten, daß es keine Diskriminierung im Hinblick auf die Zulassung von Schülern zu Bildungseinrichtungen und auch keine Ungleichheit in der Behandlung von Studenten gibt. Ausländischen Staatsangehörigen werden die gleichen Zugangschancen zur Erziehung zugestanden. Die Durchführungsmaßnahmen beruhen auf einem Berichtssystem aus den Vertragsstaaten, die von einem Sonderkomitee für Konventionen und Empfehlungen geprüft werden. Die Berichte und die

(1) Ägypten, Albanien, Algerien, Argentinien, Australien, Barbados, Belize, Benin, Bjelorussische SSR, Bundesrepublik Deutschland, Brasilien, Brunei, Bulgarien, Chile, China, Dänemark, Deutsche Demokratische Republik, Dominica, Dominikanische Republik, Ekuador, Finnland, Frankreich, Großbritannien, Guatemala, Guinea, Indonesien, Irak, Iran, Israel, Italien, Jordanien, Jugoslawien, Kongo, Kostarika, Kuba, Kuwait, Libanon, Liberia, Libyen, Luxemburg, Madagaskar, Malta, Marokko, Mauritius, Mongolei, Neuseeland, Niederlande, Niger, Nigeria, Nikaragua, Norwegen, Panama, Peru, Philippinen, Polen, Portugal, Rumänien, Salomon-Inseln, Saudi-Arabien, Schweden, Senegal, Sierra Leone, Spanien, Sri Lanka, St. Vincent und die Grenadinen, Swasiland, Tanzania, Tschechoslowakei, Tunesien, UdSSR, Uganda, Ukrainische SSR, Ungarn, Venezuela, Vietnam, Zentralafrikanische Republik, Zypern.

Kommentare des Komitees werden dann der Generalkonferenz der UNESCO vorgelegt. Die einzige darüber hinausgehende Maßnahme ist die Verabschiedung von Resolutionen durch die Generalkonferenz auf der Grundlage der aufgetretenen Fragen.

Um dieses System zu ergänzen und zu stärken, wurde im Rahmen eines Protokolls zur Konvention eine Kommission für Vermittlung und Gute Dienste eingerichtet, die Beschwerden von Staaten über die Nichteinhaltung der Konvention durch andere Staaten zu behandeln hat. Es ist Aufgabe der Kommission, gütliche Lösungen zu finden oder, wo dies nicht möglich ist, eine Empfehlung zu verabschieden, die allenfalls die Bitte um Rechtsmeinung des Internationalen Gerichtshofes enthalten kann. Diese Vorgangsweise wurde aber bisher noch nie angewendet.

Ähnliche Maßnahmen gibt es für die Durchführung anderer UNESCO-Rechtsinstrumente in Bereichen wie Status der Lehrer und Schutz des kulturellen Erbes.

Das Gemeinsame ILO (Internationale Arbeitsorganisation) / UNESCO-Expertenkomitee für die Anwendung der Empfehlung betreffend den Status der Lehrer (1966) wurde durch einen Beschluß des Exekutivrates der UNESCO und des Leitungsgremiums der ILO im Jahr 1968 eingerichtet; es hat die Aufgabe, die Berichte der Mitgliedstaaten über die Anwendung der Empfehlung zu untersuchen. Das Komitee besteht aus zwölf unabhängigen Experten, je zur Hälfte von der UNESCO und der ILO ausgewählt, und diskutiert zur Zeit die Frage, ob es wünschenswert wäre, die Empfehlung auf den neuesten Stand zu bringen und manche Aspekte aufzunehmen, die in einer möglichen Konvention über den Status der Lehrer enthalten sein könnten.

Zum Schutz des kulturellen Erbes gibt es zwei UNESCO-Konventionen: die Konvention zum Schutz von Kulturgütern im Falle bewaffneter Konflikte (die sogenannte Haager Konvention), mit angeschlossenen Durchführungsbestimmungen, dem Protokoll zur Konvention und den relevanten Konferenz-Resolutionen (1954); und die Konvention zum Schutz des Weltkultur- und Naturerbes (1972).

Neben der Gewährleistung gesetzlicher Methoden für die Durchführung tritt die UNESCO, die im System der Vereinten Nationen auch für die Sozialwissenschaften zuständig ist, für ein wichtiges multidisziplinäres Forschungsprogramm ein. Dieses Programm versucht die sozialen, wirtschaftlichen und kulturellen Faktoren zu bestimmen, die das Verständnis für Rechte und deren Durchführung beherrschen. Ein Beispiel für solche Forschung ist das Projekt über das Recht auf Privatsphäre und die Bedeutung der Privatsphäre für unterschiedliche Gesellschaftsschichten und Gesellschaften. Ein weiterer Forschungsbereich sind die Auswirkungen des technischen Fortschritts auf Rechte im modernen Staat. Bei der Überwachung der Wirksamkeit von Gesetzen spielt die sozialwissenschaftliche Forschung auch eine wichtige Rolle bei der Analyse der tatsächlichen Gleichheit vor dem Gesetz.

Kann die UNESCO Beschwerden über angebliche Menschenrechtsverletzungen entgegennehmen?

Die UNESCO verfügt über ein Verfahren zur Behandlung von Beschwerden von Opfern oder anderen Personen, Personengruppen oder nationalen oder internationalen nichtstaatlichen Organisationen, die über glaubwürdiges Wissen von angeblichen Menschenrechtsverletzungen in den Kompetenzbereichen der Organisation, nämlich Erziehung, Wissenschaft, Kultur und Kommunikation, verfügen. Falls die Beschwerdeführer einer Veröffentlichung ihrer Namen zustimmen, wird die betroffene Regierung informiert und aufgefordert, allfällige schriftliche Kommentare zu den Beschwerden abzugeben, die „Kommunikationen" genannt werden. Die Kommunikationen, zusammen mit anderen relevanten Antworten von betroffenen Regierungen werden – soweit vorhanden – vom Komitee für Konventionen und Empfehlungen des Exekutivrates vertraulich untersucht. Vertreter der betroffenen Regierungen können an den Sitzungen des Komitees teilnehmen, um zusätzliche Informationen zu geben oder Fragen von Mitgliedern des Komitees zu beantworten. Das Komitee untersucht zunächst die Zulässigkeit jeder Kommunikation und hernach, wenn die Kommunikation für zulässig und weitere Maßnahmen für erforderlich erklärt wurden, versucht es, eine gütliche Lösung herbeizuführen, die der Förderung der Menschenrechte in den Kompetenzbereichen der UNESCO dienen soll. Das Komitee legt dem Exekutivrat der UNESCO einen vertraulichen Bericht vor; dieser kann die ihm angemessen erscheinende weitere Vorgangsweise bestimmen. Zwischen 1979 und 1984 waren durchschnittlich 100 Beschwerden pro Jahr eingelangt. Diese Zahl verringerte sich zwischen 1985 und 1986 auf rund 37 pro Jahr.

Dieses Verfahren betrifft nicht nur einzelne und spezifische Fälle von Menschenrechtsverletzungen, sondern auch „Fragen" von massiver, systematischer und offenkundiger Rechtsübertretung. Eine „Frage" besteht dann, wenn es entweder eine Anhäufung von Einzelfällen gibt, die auf systematische Menschenrechtsverletzungen schließen lassen, oder eine den Menschenrechten widersprechende Politik, die von einem Staat de jure oder de facto betrieben wird. Beschwerden, die solche „Fragen" von Menschenrechtsverletzungen betreffen, werden in öffentlichen Sitzungen des Exekutivrates und der Generalkonferenz behandelt.

In manchen Aspekten ist die Vorgangsweise der UNESCO weniger strengen Voraussetzungen unterworfen als manche andere internationale und regionale Verfahren gegen vermeintliche Menschenrechtsverletzungen. So bedarf es etwa hier nicht des Nachweises, daß alle Mittel im eigenen Land ausgeschöpft wurden; es muß lediglich nachgewiesen werden, daß der Versuch unternommen wurde, diese Mittel auszuschöpfen. Außerdem hindert die Tatsache, daß der Fall von einer anderen internationalen Organisation behandelt wird, die UNESCO nicht daran, sich ebenfalls damit zu befassen.

Bis 1986 hat das Komitee 316 „Kommunikationen" behandelt, davon mehr als 90 Prozent Einzelfälle. 91 Kommunikationen konnten befriedigend gelöst werden, vornehmlich durch Rücksprachen des Komitees mit den betroffenen Staaten.

ILO – Internationale Arbeitsorganisation

Die ILO, die seit 1919 besteht, versucht, soziale Gerechtigkeit durch ihr Wirken auf dem Gebiet der Arbeitswelt zu erzielen.

Die Grundlage der Tätigkeit der ILO besteht darin, internationale Arbeitsnormen zu schaffen und die Einhaltung dieser Normen durch die Mitgliedstaaten der Organisation zu überwachen.

Das von der ILO betriebene Drei-Parteien-System erfordert, daß alle Gremien der Organisation mit Vertretern der Regierungen, der Arbeitgeber und Arbeitnehmer beschickt sind, die gleichberechtigt an den Entscheidungen und am Funktionieren der Organisation mitwirken.

Das wichtigste Organ der ILO, die Internationale Arbeitskonferenz, beschließt die internationalen Arbeitsnormen in Form von Konventionen und Empfehlungen. Die Konventionen sind, wenn ratifiziert, für die Mitgliedstaaten bindend. Sie beziehen sich auf die grundlegenden Menschenrechte im Bereich der ILO, wie etwa das

Recht auf Versammlungsfreiheit, Verbot von Zwangsarbeit, Freiheit von Diskriminierung in Beschäftigung und Beruf. Sie können auch Normen auf Gebieten wie Arbeitsbedingungen, Sicherheit und Gesundheit am Arbeitsplatz, soziale Sicherheit, Gewerbebeziehungen, Beschäftigungspolitik und Berufsberatung festlegen und Schutzbestimmungen für bestimmte Gruppen von Arbeitnehmern, wie etwa Gastarbeiter und Kinder, erarbeiten.

Wie kann von der ILO überprüft werden, ob die Regierungen ihre Verpflichtungen einhalten?

Es gibt mehrere Vorgangsweisen, um die Durchführung der Konventionen und Empfehlungen zu überwachen und zu lenken. Mit der Unterzeichnung von Konventionen übernehmen die Staaten auch die Verpflichtung, in periodischen Abständen Berichte über die Maßnahmen vorzulegen, die sie zur Durchführung der Konventionsbestimmungen gesetzt haben. Für diese Berichterstattung wurde ein spezieller Fragebogen ausgearbeitet. Die Berichte müssen von den Regierungen den Arbeitgeber- und Arbeitnehmerorganisationen zur Stellungnahme zugesandt werden. Ein aus 20 Mitgliedern bestehendes Expertenkomitee über die Anwendung der Konventionen und Empfehlungen prüft die Berichte und nimmt dazu Stellung, inwieweit die übernommenen Verpflichtungen erfüllt wurden. Das Komitee berücksichtigt dabei die besonderen Umstände und Gepflogenheiten, die in den Ländern bestehen, nicht jedoch die Ideologien der verschiedenen Wirtschafts- und Gesellschaftssysteme. Das Komitee legt der Jahreskonferenz einen Bericht vor, der vom Konferenzkomitee über die Anwendung der Konventionen und Empfehlungen geprüft wird. Im Laufe der Jahre haben die normierenden und kontrollierenden Aktivitäten der ILO bedeutenden Einfluß auf die Veränderung der Sozial- und Arbeitsgesetzgebung der Mitgliedstaaten erlangt und dazu beigetragen, die Lebensbedingungen der arbeitenden Menschen zu verbessern. Dem Komitee wurden zwischen 1964 und 1986 mehr als 1.600 Fälle solcher Veränderungen in 130 Ländern bekannt.

Wo sich der Einhaltung der Konventionsbedingungen besondere Schwierigkeiten in den Weg stellen, versucht die ILO, Direktkontakte mit den betreffenden Ländern herzustellen, um sie bei der Suche nach Lösungsmöglichkeiten zu unterstützen.

Welche anderen Vorkehrungen gibt es, um die Einhaltung dieser Normen zu sichern?

Neben der auf den Regierungsberichten basierenden routinemäßigen Kontrollfunktion der ILO gibt es noch zwei weitere Maßnahmen, die in der Verfassung der Organisation vorgesehen sind, um die Durchführung der Arbeitsnormen zu kontrollieren. Die erste sieht das Recht aller Arbeitgeber- und Arbeitnehmerorganisationen vor, sich mit einer Beschwerde an die ILO zu wenden, wenn sie der Ansicht sind, eine Regierung habe die Normen einer bestimmten Konvention nicht eingehalten. Die betroffene Regierung wird eingeladen, dazu Stellung zu nehmen. Der Verwaltungsrat der ILO kann, wenn die Regierung nicht antwortet oder wenn die Antwort unbefriedigend ist, eine Darstellung des Falles, zusammen mit der Stellungnahme der Regierung – falls eine solche vorliegt – und zusammen mit seinen eigenen Schlußfolgerungen hinsichtlich einer befriedigenden Lösung oder weiterer erforderlicher Maßnahmen oder Klarstellungen, veröffentlichen.

Im Rahmen der zweiten Maßnahme erhält ein Mitgliedstaat die Möglichkeit, Beschwerde gegen einen anderen Mitgliedstaat zu erheben, der nach Ansicht des ersteren die Bestimmungen einer Konvention nicht eingehalten hat, die von beiden ratifiziert wurde. Weder der beschwerdeführende Staat noch seine Bürger müssen dazu unter der Nichteinhaltung der Konventionsbestimmungen gelitten haben; ein solches Vorgehen scheint nämlich im allgemeinen Interesse der Menschenrechte zu liegen. Auch der Verwaltungsrat kann entweder aus eigener Initiative oder aufgrund einer Beschwerde eines Delegierten zur Konferenz Beschwerde erheben. Der Verwaltungsrat kann eine Untersuchungskommission einsetzen. Wenn die betroffene Regierung die Ergebnisse der Untersuchungskommission nicht akzeptiert, kann sie den Fall beim Internationalen Gerichtshof vorbringen. Ein solcher Fall ist bisher noch nicht eingetreten, da die Regierungen stets die Ergebnisse der Untersuchungskommission akzeptiert haben. Überhaupt wurde nur eine kleine Anzahl von Beschwerden gemäß den in der ILO-Verfassung vorgesehenen Möglichkeiten eingebracht. Diese wenigen Fälle bezogen sich jedoch auf außerordentlich wichtige Fragen, insbesondere auf die Rechte von Gewerkschaften, auf Diskriminierung und Zwangsarbeit.

Welche Vorkehrungen bestehen, um die Rechte der Gewerkschaften zu gewährleisten?

Im Jahr 1950 beschloß die ILO, in Übereinstimmung mit den Vereinten Nationen, ein besonderes Verfahren zur Untersuchung angeblicher Verletzungen der gewerkschaftlichen Rechte, das die allgemeinen Überwachungsmaßnahmen für Konventionen ergänzt. Beschwerden können von Arbeitgeber-, Arbeitnehmerorganisationen oder von Regierungen vorgebracht werden. In der Praxis kommt die Mehrzahl der Beschwerden von nationalen oder internationalen Gewerkschaften; sie können alle gewerkschaftlichen Rechte betreffen, auch solche, die nicht von den beiden relevanten Konventionen abgedeckt sind: die Konvention Nr. 87 über die Vereinsfreiheit und den Schutz des Rechtes, sich zu organisieren (1948), und die Konvention Nr. 98 über die Anwendung der Grundsätze der Rechte, sich gemeinsam zu organisieren und zu verhandeln (1949). Darüber hinaus können Beschwerden gegen Regierungen erhoben werden, gleichgültig, ob sie diese Konvention ratifiziert haben oder nicht. Das Komitee über die Vereinsfreiheit beim Verwaltungsrat überprüft diese Beschuldigungen und entscheidet, ob die Beschwerden zur weiteren Behandlung an eine Untersuchungs- und Vermittlungskommission für Vereinsfreiheit weitergeleitet werden sollen. In der Praxis wurden nur ganz wenige Fälle abgetreten, und das Komitee selbst konnte den Großteil der Arbeit leisten. Seit seiner Einsetzung hat das Komitee mehr als 1.300 Beschwerden bearbeitet. Die Empfehlungen des Komitees haben Maßnahmen bewirkt, die von der Zurückweisung oder Abänderung von Gesetzesbestimmungen über die Wiedereinstellung von entlassenen Arbeitern bis zur Freilassung inhaftierter Gewerkschafter reichten. In einigen Fällen konnten sogar Todesurteile gegen Gewerkschafter aufgehoben werden.

● *Gibt es darüber hinaus noch andere internationale Systeme zum Schutz der Menschenrechte?*

Es gibt zwei regionale Organisationen, die ständige Einrichtungen zum Schutz der Menschenrechte haben, und zwar den Europarat und die Organisation Amerikanischer Staaten.

Der Europarat ist durch die Einrichtung und Handhabung einer „Maschinerie“ zum Schutz der Menschenrechte im Rahmen der Europäischen Menschenrechtskonvention, die am 3. September 1953 in Kraft getreten ist, am weitesten gegangen. Heute haben alle 21 westeuropäischen Mitgliedstaaten des Europarates die Konvention ratifiziert und sind somit zu Signatarstaaten der Konvention geworden. Die Konvention beinhaltet im wesentlichen Fragen der bürgerlichen und politischen Rechte. Dies ergibt sich aus dem in der Präambel niedergelegten Grundsatz, daß „die Regierungen der europäischen Staaten die gleichen Ansichten und ein gemeinsames Erbe an politischen Traditionen, Idealen, Freiheit und Rechtsstaatlichkeit ...“ haben und daher entschlossen sind, „... den ersten Schritt in Richtung auf die kollektive Durchsetzung gewisser in der Allgemeinen Erklärung der Menschenrechte enthaltener Rechte“ zu tun.

Das Instrumentarium für die Durchsetzung der Rechte besteht in der Europäischen Menschenrechtskommission, dem Europäischen Gerichtshof für Menschenrechte und dem Ministerkomitee. Die Kommission prüft Beschwerden von Unterzeichnerstaaten gegen andere Unterzeichnerstaaten, aber auch Beschwerden von Einzelpersonen gegen Unterzeichnerstaaten, in diesem letzteren Fall aber nur dann, wenn die Regierung des betroffenen Staates dieses Recht einer individuellen Klage anerkannt hat. Bis 1986 haben dies 19 Länder getan.

Wenn die Kommission eine Petition zuläßt, versucht sie zunächst, die Auseinandersetzung beizulegen; gelingt dies nicht, erstellt sie einen umfassenden Bericht, der auch ihre Stellungnahme dazu enthält, ob die Konvention verletzt wurde oder nicht. Die Beratungen der Kommission sind vertraulich, doch wird zum Abschluß ein Kurzbericht über den Fall veröffentlicht. Der Vollbericht der Kommission wird dem Ministerkomitee des Europarates vorgelegt. Innerhalb einer Frist von drei Monaten kann er zur Entscheidung an den Gerichtshof verwiesen werden. Das kann nur durch die Kommission oder den beklagten Staat geschehen, vorausgesetzt, daß der Staat die Rechtsprechung des Gerichtshofs anerkennt. 19 Mitgliedstaaten haben dies getan.

Die Organisation Amerikanischer Staaten (OAS), die die gesamte westliche Hemisphäre mit Ausnahme Kanadas, Guyanas und Kubas umfaßt, bietet den Rahmen für die Inter-Amerkanische Menschenrechtskommission, die Verletzungen der Menschenrechte untersucht. 1959 eingesetzt, sind ihre Ziele die „Förderung der Einhaltung und Verteidigung der Menschenrechte und Funktion als Beratungsorgan der Organisation Amerikanischer Staaten (OAS) in diesen Belangen". Sie ist Empfängerin von Petitionen bezüglich vermeintlicher Menschenrechtsverletzungen; zu den Untersuchungsmethoden zählen Besuchsmissionen, Länderberichte und Maßnahmen im Sinne der Beschwerden von Einzelpersonen. Bei Erhalt von Berichten über umfangreiche Menschenrechtsverletzungen kann die Kommission eine Untersuchung über die Lage durchführen. Eine solche umfaßt die Untersuchung von Fakten, Zeugeneinvernahmen und Beratungen mit der betroffenen Regierung. Danach kann sie versuchen, von der Regierung die Genehmigung zum Besuch des Landes zu erhalten. Diese Genehmigung wurde in vielen Fällen gewährt, wie etwa in Chile, der Dominikanischen Republik, El Salvador, Haiti, Guatemala und Surinam. Über Anforderung der OAS oder einer Regierung kann die Kommission Vor-Ort-Untersuchungen durchführen.

Die Kommission kann auch auf eigene Initiative Untersuchungen über den Status der Menschenrechte in den Ländern der Hemisphäre durchführen und Spezialberichte vorbereiten.

Individuelle Beschwerden über Verletzungen der Rechte auf Leben, Freiheit und persönliche Sicherheit, Gleichheit vor dem Gesetz, gerechtes Gerichtsverfahren, freie Meinungsäußerung und Religionsausübung sowie des Rechts, nicht willkürlich inhaftiert zu werden, können an die Kommission herangetragen werden. Im Gegensatz zu dem europäischen System müssen hier die Staaten nicht eigens ihr Einverständnis zu einem solchen Vorgehen erklären. Wenn die Kommission zu der Ansicht gelangt, daß eine schwerwiegende Verletzung vorliegt, schreitet sie zugunsten des einzelnen bei der betroffenen Regierung ein, ohne dabei der Regierung die Identität des Beschwerdeführers bekanntzugeben. Die Kommission legt der Generalversammlung der OAS jährliche Berichte vor. In manchen Fällen konnte die Kommission Erfolge verzeichnen, sie ist aber letztendlich von der OAS abhängig, der sie berichtet und deren politische Gremien ermächtigt sind, Sanktionen gegen Verfehlungen von Mitgliedstaaten zu verhängen.

Die Amerikanische Menschenrechtskonvention aus dem Jahr 1969 trat im September 1978 in Kraft, nachdem die erforderlichen elf Staaten ihre Ratifizierungsurkunden hinterlegt hatten. Derzeit gehören der Konvention an: Argentinien, Barbados, Bolivien, Dominikanische Republik, Ekuador, El Salvador, Grenada, Guatemala, Haiti, Panama, Peru, Uruguay und Venezuela. Im Rahmen der

Konvention wurde ein Inter-Amerikanischer Menschenrechtsgerichtshof in Kostarika eingerichtet. *Artikel 62* der Konvention sieht vor, daß sich die Jurisdiktion des Gerichtshofes auf all jene Unterzeichnerstaaten erstreckt, die sich in einem speziellen Abkommen zur Anerkennung der Jurisdiktion des Gerichtshofes bereiterklärt haben. Mit Datum 30. November 1986 haben Argentinien, Ekuador, Honduras, Kolumbien, Kostarika, Uruguay und Venezuela diese Jurisdiktion anerkannt.

● *Gibt es Versuche, auch in anderen Teilen der Welt solche regionalen Systeme zu errichten?*

Derzeit gibt es keine anderen funktionierenden Regionalsysteme, doch trat im Oktober 1986 eine Afrikanische Charta für Menschenrechte und Rechte der Völker in Kraft. Zwischen 1961 und 1978 haben afrikanische Juristen mit Hilfe und Förderung durch die Vereinten Nationen und die Internationale Juristenkommission beständig an der Einrichtung einer Afrikanischen Menschenrechtskommission gewirkt.

Basierend auf einer nigerianischen Initiative, verabschiedete die Generalversammlung der Vereinten Nationen im Dezember 1977 eine Resolution, mit welcher jene Staaten, in denen regionale Vorkehrungen zum Schutz und zur Förderung der Menschenrechte noch nicht bestanden, aufgefordert wurden, in ihren Regionen solche Einrichtungen zu schaffen. Die Menschenrechtskommission forderte bei ihrer Sitzung im Jahr 1978 die Organisation für Afrikanische Einheit (OAU) auf, über Wunsch bei der Einrichtung einer regionalen afrikanischen Menschenrechtskommission unterstützend zu wirken.

Bei der in Monrovia, Liberia, im Juli 1979 abgehaltenen Sechsten Ordentlichen Sitzung der Versammlung der Staats- und Regierungschefs der OAU präsentierte Leopold Senghor, Präsident des Senegal, eine Resolution betreffend die Einrichtung einer Afrikanischen Menschenrechtskommission. Der Entwurf wurde durch die Beifügung der „Rechte der Völker“ ergänzt und von der OAU angenommen. Auf der Grundlage dieser Resolution wurde Richter Keba M'Baye, unter Mitwirkung von Professor Ibrahima Fall und Richter Mohamadon Mbacke, mit der Aufgabe betraut, einen Entwurf für eine Afrikanische Charta für Menschenrechte und Rechte der Völker zu erarbeiten. Der endgültige Text, der zur „Afrikanischen

Charta für Menschenrechte und Rechte der Völker" wurde, wurde von der Versammlung der Staats- und Regierungschefs der OAU in Nairobi, Kenia, im Juni 1981 angenommen. Diese Charta schreibt nicht nur die grundsätzlichen Prinzipien fest, sondern anerkennt auch Rechte und Pflichten und bietet den Mechanismus für die Durchführung der Vorkehrungen. Sie bedurfte der Ratifizierung oder Annahme durch die einfache Mehrheit der 51 Mitgliedstaaten, um in Kraft zu treten. Dieses Ziel war im Juli 1986 erreicht(1).

(1) Ägypten, Benin, Burkina Faso, Gabun, Guinea, Guinea-Bissau, Kongo, Liberia, Mali, Mauretanien, Niger, Nigeria, Ruanda, Saharanische Arabische Demokratische Republik, São Tome und Principe, Senegal, Sierra Leone, Somalia, Sudan, Tanzania, Togo, Tschad, Tunesien, Zambia, Zentralafrikanische Republik, Zimbabwe.

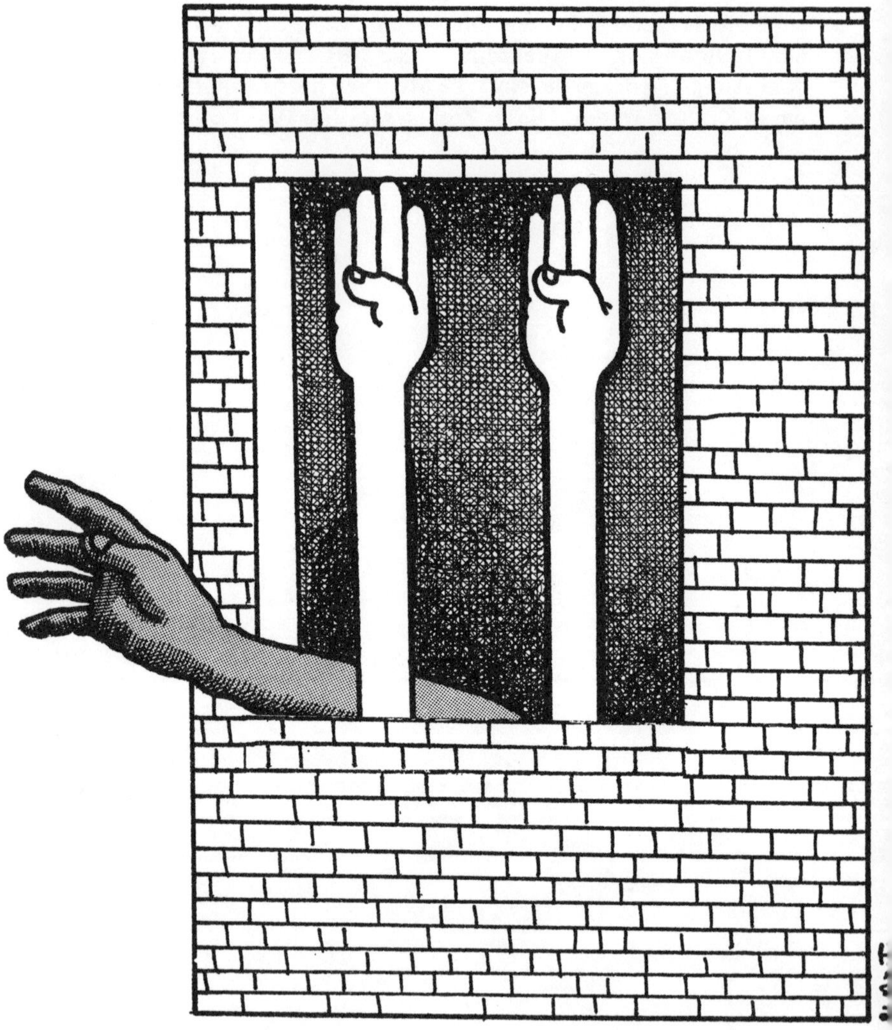

Die allgemeine Erklärung der Menschenrechte: Was die einzelnen Artikel bedeuten

Die ersten 21 Artikel der Erklärung umfassen größtenteils jene Rechte, die als bürgerliche und politische Rechte bezeichnet werden, und betreffen die Freiheit und körperliche Sicherheit des einzelnen.

Artikel 1 *Alle Menschen sind frei und gleich an Würde und Rechten geboren. Sie sind mit Vernunft und Gewissen begabt und sollen einander im Geiste der Brüderlichkeit begegnen.*

● *Bedeutet das, daß alle Menschen gleich sind?*

„Frei" geboren zu sein, bedeutet auch, daß alle Menschen ein gleiches Recht auf Freiheit haben, aber wir alle wissen, daß die Menschen im Verlauf ihres Lebens von wirtschaftlichen und sozialen, aber auch von bürgerlichen und politischen Restriktionen betroffen sind. Freiheit ist nicht total und kann es nicht sein; die Freiheit des einen kann auch nicht zu Lasten der Freiheit anderer gehen. Daher kann man Freiheit nicht gleichsetzen mit individueller Anarchie.

„Gleich" bedeutet nicht, daß Menschen identisch oder auch nur ähnlich in bezug auf physische oder geistige Fähigkeiten, Begabungen und Charaktereigenschaften sind. Tatsächlich unterscheidet sich jeder einzelne von jedem anderen, und die Unterschiede zwischen Einzelpersonen innerhalb einer gesellschaftlichen Gruppe können größer sein als die Unterschiede zwischen Einzelpersonen verschiedener gesellschaftlicher und kultureller Gruppen. Wissenschafter sind sich darin einig, daß alle heute lebenden Menschen ein und derselben Spezies, der des homo sapiens, angehören und von einer gemeinsamen Wurzel stammen. Diese Feststellung der Wissenschafter wurde 1967 bestätigt und in die 1978 angenommene UNESCO-Deklaration über Rasse und rassische Vorurteile aufgenommen. Es gibt keine wie immer geartete Rechtfertigung dafür, Gruppen hierarchisch nach intellektuellen oder kulturellen Fertigkeiten oder genetischem Potential zu ordnen. Diskriminierung und Verweigerung von Rechten aus Gründen der „Rasse“ oder unsozialer Glaube an angeborene Ungleichheit zwischen unterschiedlichen sozialen oder ethnischen Gruppen entbehren jeglicher wissenschaftlicher Grundlage. Die Verweigerung des Rechts auf Entwicklung ihrer Fähigkeiten als Individuen, unabhängig von Gruppen, ist eine ernstzunehmende Ungerechtigkeit und eine Verweigerung gleicher Rechte und gleicher Würde. Um es möglich zu machen, daß alle Menschen gleich behandelt werden, bringt dieser Artikel die Verpflichtung aller in Erinnerung, mit anderen Menschen in einem „Geist der Brüderlichkeit“ umzugehen, das heißt als Mitmenschen mit gleichen Rechten.

Artikel 2 *Jeder Mensch hat Anspruch auf die in dieser Erklärung verkündeten Rechte und Freiheiten ohne irgendeine Unterscheidung, wie etwa nach Rasse, Farbe, Geschlecht, Sprache, Religion, politischer oder sonstiger Überzeugung, nationaler oder sozialer Herkunft, nach Eigentum, Geburt oder sonstigen Umständen. Weiters darf keine Unterscheidung gemacht werden aufgrund der politischen, rechtlichen oder internationalen Stellung des Landes oder Gebietes, dem eine Person angehört, ohne Rücksicht darauf, ob es unabhängig ist, unter Treuhandschaft steht, keine Selbstregierung besitzt oder irgendeiner anderen Beschränkung seiner Souveränität unterworfen ist.*

Artikel 7 *Alle Menschen sind vor dem Gesetze gleich und haben ohne Unterschied Anspruch auf gleichen Schutz durch das Gesetz. Alle haben Anspruch auf gleichen Schutz gegen jede unterschiedliche Behandlung, welche die vorliegende Erklärung verletzen würde, und gegen jede Aufreizung zu einer derartigen unterschiedlichen Behandlung.*

Diese beiden Artikel enthalten die leitenden Grundsätze des Kampfes gegen Diskriminierung, Prinzipien, die die gesamte Erklärung durchziehen. *Artikel 2* betrifft die Nichtdiskriminierung bei der Anwendung der Erklärung, während *Artikel 7* die Nichtdiskriminierung bei der Anwendung der Gesetze im allgemeinen, also im wesentlichen die innerstaatliche Gesetzgebung, betrifft. Letzterer Artikel fordert, daß es Teil der Verpflichtung aller Staaten ist, dafür zu sorgen, daß in ihrem Rechtssystem keinerlei Unterscheidung gemacht wird, wie etwa aus rassischen, religiösen oder aus Gründen der Hautfarbe. Daneben sind die Staaten verpflichtet, alle Minderheiten gegen jegliche Form der Diskriminierung zu schützen, die eine Verletzung der Allgemeinen Erklärung der Menschenrechte darstellen würde. *Artikel 7* stellt sogar fest, daß es ungesetzlich sei, zu einer derartigen Diskriminierung „aufzureizen“, das heißt, andere zur Diskriminierung zu ermutigen.

● *Wie haben Menschen versucht, rassische Diskriminierung zu rechtfertigen?*

Die Praktiken des Rassismus und der rassischen Diskriminierung beruhen im wesentlichen auf Vorstellungen der Über- und Unterlegenheit rassischer oder ethnischer Gruppen. Auf sie beruft man sich, um Knechtschaft, ja sogar die Eliminierung „geringerer“ Wesen zu rechtfertigen. Die UNESCO-Deklaration über Rasse und rassische Vorurteile stellt fest, daß solche Theorien „keinerlei wissenschaftliche Grundlagen haben und in Widerspruch zu den moralischen und ethischen Grundsätzen der Menschheit“ stehen. Und dennoch ist rassische Diskriminierung auch heute noch eines der großen Probleme unserer Welt.

Eine andere Form der Diskriminierung, die es ebenfalls heute noch gibt, beruht auf religiösen Verschiedenheiten. In vergangenen Jahrhunderten gab es Konflikte zwischen Protestanten und Katholiken, Hindus und Moslems und vielen anderen religiösen Gruppen, und man praktizierte die verschiedensten Formen der Diskriminierung. Bis heute konnten diese Konflikte nicht völlig ausgeräumt werden. Antisemitismus ist eine Form der Diskriminierung gegenüber Juden. Gegen Ende des 19. Jahrhunderts nahm er neue Formen an, als zu den bestehenden religiösen Vorurteilen neue Theorien von rassischer Minderwertigkeit aufkamen. Antisemitische rassistische Theorien gipfelten in der systematischen Ausrottung der Juden durch Nazi-Deutschland.

Religiöse Motive dienten auch als Rechtfertigung für die Dezimierung eingeborener Völkerschaften in der westlichen Hemisphäre, in Afrika und Asien und für ihre Versklavung im Zuge der Eroberung neuer Gebiete durch europäische Mächte im 16. und 17. Jahrhundert. Die Eroberer nahmen für sich in Anspruch, eine „zivilisatorische" Aufgabe gegenüber den „Heiden" zu erfüllen, die sie gefangennahmen und im profitträchtigen Sklavenhandel verkauften. Schließlich wurde der Skavenhandel als Ergebnis zahlreicher Sklavenaufstände – wie z.B. jener der Haitianer und der Maroons in Jamaika, um die wichtigsten zu erwähnen – abgeschafft, und zwar durch die Grundsätze des freien Handels, der ungebundene Arbeitskräfte verlangte, wie auch durch den ständigen Druck jener, die in der Sklaverei einen Widerspruch zur christlichen Ethik der Brüderlichkeit sahen.

Als die Sklaverei abgeschafft war, fanden sich die Schwarzen auf der untersten Sprosse der gesellschaftlichen und wirtschaftlichen Leiter. Es ist eine Ironie, daß auf diese Weise das Ende der Sklaverei mit dem systematischen Bemühen zusammenfällt, den Rassismus als eine wissenschaftliche Theorie zu etablieren; damit wurden viele Millionen von Menschen mit physiologischen, ethnischen und anderen Unterschieden Opfer der Diskriminierung und Verletzung ihrer Menschenrechte.

Kolonialismus, die Unterwerfung von Völkern unter fremde Herrschaft und die Ausbeutung der natürlichen Ressourcen ihrer Länder, spielte ebenfalls eine bedeutende Rolle bei der Diskriminierung und der Verbreitung rassischer Vorurteile. Auf ihrer Suche nach Rohstoffen teilten sich die europäischen Mächte den Kuchen fremder Länder. Die einheimische Bevölkerung wurde patriarchalisch regiert: In den besten Fällen geschah dies unter dem Deckmantel einer zivilisatorischen Mission; man gab vor, den primitiven Völkern westliche Werte zu bringen, und verweigerte ihnen gleichzeitig ihre Menschenrechte. In Gebieten, in denen sich weiße Siedler niederließen, wurde die Diskriminierung in allen Bereichen gehandhabt. Viele Praktiken und Überbleibsel von gestern haben sich in den noch heute bestehenden Verhaltensmustern rassischer Diskriminierung erhalten und festigen so die herrschenden wirtschaftlichen, politischen und sozialen Strukturen. Selbst einstige Opfer rassistischer Praktiken haben es zugelassen, daß sich auf ihrer Suche nach Freiheit Elemente rassistischer Doktrinen eingeschlichen haben.

Die extremste Form des Rassismus ist die institutionalisierte Rassentrennung gemäß einer systematischen Regierungspolitik, die als „Apartheid" bekannt ist. Dies ist die besondere Politik der Regierung Südafrikas. Eine spezielle Konvention der Vereinten Nationen über die Beseitigung und Unterdrückung des Verbrechens der Apartheid erklärt diese Praxis zu einem „Verbrechen gegen die Menschlichkeit“ und zu einer ernsten Bedrohung des internationalen Friedens und der Sicherheit. Über mehrere Jahrzehnte hinweg haben die Vereinten Nationen versucht, eine Veränderung des Regimes in Südafrika herbeizuführen, aber die weiße Minderheit konnte mit Hilfe einiger anderer Länder diesem Druck bisher standhalten. Die Jahre 1985 – 1986 brachten jedoch weitverbreitete Proteste gegen die Repression in Südafrika und in der internationalen Gesellschaft eine wachsende Ablehnung des Apartheid-Systems; diese Proteste gipfelten in Forderungen nach weitestgehenden wirtschaftlichen Sanktionen gegen Südafrika und nach der Freilassung von Nelson Mandela, jenem afrikanischen Nationalführer, der damals schon 22 Jahre inhaftiert war.

Artikel 3 *Jeder Mensch hat das Recht auf Leben, Freiheit und Sicherheit der Person.*

● *Ist es Pflicht des Staates, diese Rechte zu gewährleisten?*

Steve Biko, ein führender schwarzafrikanischer Politiker, starb am 12. September 1977, während er von der südafrikanischen Sicherheitspolizei ohne Anklage oder Prozeß festgehalten wurde. Als sein Tod am darauffolgenden Tag bekanntgegeben wurde, deutete man an, daß dieser als Ergebnis eines siebentägigen Hungerstreiks eingetreten sei. Die Öffentlichkeit schenkte der offiziellen Erklärung keinen Glauben, und zwei Monate später ordneten die Behörden eine Untersuchung an, in deren Verlauf festgestellt wurde, daß Biko an den Folgen einer Gehirnverletzung starb, die er während der Haft erlitten hatte. Weiters wurde bekannt, daß er die ersten 18 Tage seiner Haft unbekleidet auf der Polizeistation festgehalten wurde und keinerlei Bewegung machen durfte. Danach wurde er, gefesselt an Händen und Füßen, zum Verhör in das Hauptquartier der Sicherheitspolizei überführt. Im Zuge des Verhörs kam es zu einem Handgemenge, bei dem laut Aussage der Sicherheitspolizei Biko jene Gehirnverletzung erlitten habe, an der er später starb. Danach wurde Biko, noch immer in Ketten, von zwei Amtsärzten untersucht, die im Zuge der Ermittlungen zugaben, daß sie hinsichtlich Bikos Gesundheitszustandes falsche Angaben gemacht hätten. Am 11. September lag Biko bereits im Halbkoma und wurde auf Anraten eines der beiden Ärzte in ein Spital eingeliefert. Obwohl das Krankenhaus mehr als 1000 Kilometer entfernt war, wurde Biko nackt in einem Land-Rover hingefahren. Wenige Stunden später starb er. Bei der Verhandlung stellte der Richter fest, daß für Bikos Tod kein strafbares Verschulden vorlag; daraufhin erklärte die südafrikanische Regierung, daß man keine weiteren Maßnahmen ergreifen werde.

Der Fall von Steve Biko ist lediglich ein gut dokumentiertes Beispiel dafür, daß ein Staat seiner Verpflichtung nicht nachgekommen ist, das Leben eines einzelnen zu schützen und zu garantieren, und daß er sich der Verletzung dieses Grundrechts schuldig gemacht hat. Bedauerlicherweise wird dieses Recht von Regierungen in vielen Teilen der Welt sehr häufig verletzt. Es gibt auch in den letzten Jahren zahlreiche Beweise dafür, daß Menschen in der Untersuchungshaft gestorben sind, aber auch dafür, daß Personen verschwunden sind, über die man keinerlei Nachrichten erhalten kann.

Die Vereinten Nationen berichten jetzt regelmäßig über erzwungenes oder unfreiwilliges Verschwinden und willkürliche und ungesetzliche Hinrichtungen in vielen Ländern der Welt. In den 15 Jahren vor 1983 wurde berichtet, daß mindestens zwei Millionen Menschen in 37 Ländern willkürlich hingerichtet worden waren.

Es gibt keine Anzeichen dafür, daß die Gesamtzahl jener, die Opfer dieser Phänomene werden, abnimmt. Neben der Folter stellen diese Phänomene die hinterhältigsten Verletzungen der Menschenrechte dar, die die ungeteilte Aufmerksamkeit der Weltgemeinschaft verdienen.

Die extremste Form der Verletzung des Rechtes auf Leben ist die Tötung oder die körperliche oder geistige Beeinträchtigung mit dem Ziel der vollkommenen oder teilweisen Vernichtung einer nationalen, ethnischen, rassischen oder religiösen Gruppe. Solche Handlungen nennt man „Völkermord“, und wir haben bereits an anderer Stelle davon gesprochen, daß es eine internationale Konvention über die Verhinderung und Bestrafung des Verbrechens des Völkermordes gibt, die diesen als internationales Verbrechen qualifiziert.

● *Wie steht es mit dem Recht auf Leben, wenn die Gesetze eines Staates die Vernichtung menschlichen Lebens durch die Todesstrafe zulassen?*

In den meisten Ländern besteht die Todesstrafe, und es gibt keine Beweise dafür, daß dies in starkem Widerspruch zur öffentlichen Meinung steht. Die Zustimmung dazu beruht im wesentlichen auf der moralischen Überzeugung, daß die Todesstrafe eine gerechte Strafe für die Tötung eines Menschen sei und als wirksame Abschreckung für andere Menschen dienen könne, die sonst versucht wären, ähnliche Verbrechen zu begehen.

Die öffentliche Meinung für oder gegen die Todesstrafe ändert sich mit den Umständen. Nach einem Justizirrtum oder aufgrund von Exzessen eines repressiven Regimes lehnen Menschen in manchen Fällen die Todesstrafe ab, während ein einziges schlimmes Verbrechen oder das Auftreten „neuer" Verbrechen, wie etwa Flugzeugentführungen, politischer Terrorismus oder Kidnapping, die gegenteilige Wirkung haben können. Die Ansichten über die Todesstrafe unterliegen starken emotionalen Faktoren. Auch erlassen Staaten bisweilen Gesetze, die ihren momentanen Bedürfnissen entsprechen. „Notstand" oder „Belagerungszustand" beinhalten häufig Vorkehrungen für die Anwendung der Todesstrafe, die von Militärgerichten oder auf Regierungsbeschluß zur Anwendung kommen kann. Die Menschenrechtskommission der Vereinten Nationen hat eine Studie über die Gefahren dieser Art der Notstandsgesetzgebung für die Menschenrechte in Auftrag gegeben.

Es gibt zahlreiche Beispiele dafür, daß unschuldige Menschen selbst nach äußerst genau geführten Prozessen hingerichtet wurden.

Sehr oft wurde und wird die Todesstrafe von repressiven Regimen als ein Werkzeug der Unterdrückung jeglicher Opposition und als Instrument der Aufrechterhaltung sozialer Ungerechtigkeit und rassistischer Politik eingesetzt. Die Frage der Todesstrafe ist daher ein Anliegen der internationalen Menschenrechte, wenngleich sie in der Allgemeinen Erklärung in diesem Zusammenhang nicht erwähnt wird.

Der internationale Pakt über bürgerliche und politische Rechte stellt fest, daß „in Ländern, die die Todesstrafe nicht abgeschafft haben, Todesurteile nur für die schwerwiegendsten Verbrechen verhängt werden dürfen, und zwar in Übereinstimmung mit dem zur Zeit des Verbrechens gültigen Gesetz ..., und daß die Todesstrafe nur aufgrund eines abschließenden Urteils eines zuständigen Gerichts vollzogen werden darf". Standrechtliche Hinrichtungen widersprechen daher den internationalen Menschenrechtsnormen. Amnesty International, eine nichtstaatliche Organisation, die im Jahr 1977 für ihre Menschenrechtsarbeit den Friedensnobelpreis erhielt, hat bei der weltweiten Kampagne zur Abschaffung der Todesstrafe eine führende Rolle übernommen.

Im Jahr 1977 stellte die Generalversammlung der UN in einer Resolution fest, daß „... die wesentlichste Zielsetzung im Bereich der Todesstrafe darin zu sehen ist, die Zahl jener Verbrechen ständig zu verringern, für welche die Todesstrafe verhängt werden darf, um letztendlich diese Strafform ganz abschaffen zu können".

Seit damals werden innerhalb des Systems der Vereinten Nationen, aber auch im Europarat und in der Organisation Amerikanischer Staaten konkrete Maßnahmen zur Abschaffung der Todesstrafe angestrebt.

Artikel 4 *Niemand darf in Sklaverei oder Leibeigenschaft gehalten werden; Sklaverei und Sklavenhandel sind in allen ihren Formen verboten.*

● *Was bedeutet Sklaverei heute?*

Armut und Unterentwicklung machen es schwer, diese Praxis zu beseitigen. Im Juli 1980 stellte der mauretanische Informationsminister fest: „Sklaverei ist die primitivste, abscheulichste Form der Ausbeutung des Menschen durch den Menschen. Wir wissen, daß sie in unserem Land noch immer besteht. Die vorangegangenen kolonialen und neokolonialen Regime versuchten, diese Praxis zu vertuschen. Es wird eines langwierigen Prozesses bedürfen, bis wir uns letztlich von dieser hassenswerten Praxis befreit haben werden." Vor kurzem wurde ein Bericht vorgelegt, demzufolge es heute noch weltweit 250.000 Sklaven gibt.

Man muß jedoch feststellen, daß die heutige Sklaverei sich von den brutalen Praktiken der Gefangennahme, Ankettung und des Verkaufs auf öffentlichen Marktplätzen zum Zwecke der Bereicherung kolonialer Weltmächte unterscheidet. Dennoch handelt es sich im wesentlichen um die gleiche Ausbeutung von Menschen durch Menschen. Zeitgenössische Sklaverei bleibt eine freche Verneinung der Menschenwürde und hat ihre Wurzeln in einem Netz von Armut, Unwissenheit, Tradition und Geldgier.

Praktiken, ähnlich jenen der Sklaverei, nur mit anderen Bezeichnungen versehen, sind noch infamer und betreffen die schwächsten und am stärksten benachteiligten Gruppen der Gesellschaft. Sie werden definiert in der „Zusatzkonvention über die Abschaffung der Sklaverei, des Sklavenhandels und der Sklaverei ähnlicher Institutionen und Praktiken": Schuldknechtschaft, Leibeigenschaft, Ausbeutung von Kindern und sklavische Formen der Eheschließung(1). Schuldknechtschaft ist ein Zustand, der sich aus einem Tausch persönlicher Dienstleistungen gegen eine Schuld und durch die Abgeltung der Schuld durch eine solche Dienstleistung ergibt. Sie ist nur schwer festzustellen, da sie unterschiedliche Formen annimmt und oft so praktiziert wird, daß die ausnützende Natur der Beziehung verborgen bleibt. Man findet sie in vielen Teilen der Welt, zumeist im Bereich der Landwirtschaft; in vielen Fällen ist sie institutionalisiert und gewährleistet so die Bereitstellung einer unterwürfigen und schutzlosen Arbeiterschaft. In ihrer schlimmsten Form, dort, wo die Schuld nicht getilgt werden kann, führt sie zu dauernder Knechtschaft, die von einem Elternteil auf das Kind übergeht. In manchen Fällen, wo Bauern versucht haben, gegen diese Praxis Widerstand zu leisten, stießen sie auf brutale Repression und Einschüchterung. An der Wurzel dieses Problems steht die Notwendigkeit einer Landreform, aber – wie es ein Bericht der Vereinten Nationen formuliert – „in manchen Ländern, in denen Landreformen vorgenommen wurden, um diese Formen der Leibeigenschaft zu beseitigen, liegt die politische Macht in den Händen jener, die die Pächter ausnützen, und nur selten unternehmen die Regierungen ernsthafte Bemühungen, um die von ihnen verabschiedeten Gesetze im Bereich der Landreform tatsächlich durchzuführen ...".

Die Ausnutzung der Kinderarbeit ist ein weltweites Problem und beinhaltet bisweilen sogar den direkten Verkauf von Kindern. Im Jahre 1971 schätzte die Internationale Arbeitsorganisation die Zahl jener Kinder unter 14 Jahren, die in einem regelmäßigen Arbeitsverhältnis standen, auf etwa 52 Millionen, 90 Prozent davon in den Ländern der Dritten Welt. Die Arbeitsbedingungen sind oft sehr schlecht und die Bezahlung vielfach minimal oder überhaupt nicht vorhanden. Logischerweise wird diesen Kindern auch das Recht auf

(1) Armut, Unterentwicklung und Tradition verschärfen die Schwierigkeiten, die sich der Abschaffung dieser Praktiken auch dort in den Weg stellen, wo sie gesetzlich verboten sind.

Bildung verweigert. „Knechtische Formen der Eheschließung" bezieht sich auf Situationen, in denen Frauen nicht das Recht haben, eine Eheschließung abzulehnen, oder in denen die Frau nach dem Tod ihres Gatten an eine andere Person weitergegeben werden kann.

Der Sklaverei ähnlich ist der Menschenhandel, in diesem Fall mit Frauen („weiße Sklaverei"). Diese Usance ist nicht in den „Konventionen über die Sklaverei enthalten, sondern in der Konvention über die Abschaffung des Menschenhandels und die Ausnützung der Prostitution anderer", die bis einschließlich 30. September 1986 von nunmehr 58 Ländern(1) ratifiziert wurde. Daß es sich dabei um ein weitverbreitetes Phänomen handelt, geht aus den jährlichen Interpol-Berichten hervor.

● *Was kann unternommen werden, um jegliche Form der Sklaverei abzuschaffen?*

Die Sklaverei und der Sklaverei ähnliche Praktiken stellen um so mehr ein komplexes Problem dar, als viele Menschen ihr Vorhandensein leugnen. Die Vereinten Nationen erhalten Informationen über solche Zustände durch Beweise, die einer Arbeitsgruppe über Sklaverei vorgelegt werden; sie besteht aus fünf Mitgliedern der Unterkommission über die Verhinderung von Diskriminierung und den Schutz von Minderheiten. Die Unterkommission berichtet an die Menschenrechtskommission. Obwohl bis 30. November 1986 100 Staaten die Zusatzkonvention über die Abschaffung der Sklaverei akzeptiert haben, ist ihre Einhaltung doch im wesentlichen von der Durchführung auf innerstaatlicher Ebene abhängig.

Wirkliche Erfolge bei der Abschaffung dieser Praktiken werden von einer großangelegten Aufklärung der öffentlichen Meinung und von sozialen und wirtschaftlichen Reformen abhängen.

---

(1) Afghanistan, Ägypten, Albanien, Algerien, Argentinien, Äthiopien, Bangladesch, Belgien, Bjelorussische SSR, Bolivien, Brasilien, Bulgarien, Burkina Faso, Deutsche Demokratische Republik, Djibuti, Ekuador, Finnland, Frankreich, Guinea, Haiti, Indien, Irak, Israel, Italien, Japan, Jordanien, Jugoslawien, Kamerun, Kongo, Kuba, Kuwait, Laos, Libyen, Luxemburg, Malawi, Mali, Marokko, Mexiko, Niger, Norwegen, Pakistan, Philippinen, Polen, Republik Korea, Rumänien, Senegal, Singapur, Spanien, Sri Lanka, Südafrika, Syrien, Tschechoslowakei, UdSSR, Ukrainische SSR, Ungarn, Venezuela, Zentralafrikanische Republik, Zypern.

Artikel 5 *Niemand darf der Folter oder grausamer, unmenschlicher oder erniedrigender Behandlung oder Strafe unterworfen werden.*

● *Was ist Folter?*

Die UN-Deklaration über den Schutz gegen Folter und andere grausame, unmenschliche oder erniedrigende Behandlung und Bestrafung, die am 10. Dezember 1984 von der Generalversammlung der Vereinten Nationen einstimmig beschlossen wurde, definiert Folter so: „... alle Handlungen, durch die absichtlich körperlicher oder geistiger Schmerz oder Leiden zugefügt werden, durch oder über Aufforderung einer im öffentlichen Auftrag handelnden Person, um dadurch von diesem Menschen oder einer dritten Person Informationen oder ein Geständnis zu erhalten, um ihn damit für eine Handlung zu bestrafen, die er begangen hat oder deren er verdächtigt wird, oder um ihn oder andere Personen einzuschüchtern, oder aus irgendeinem diskriminatorischen Grund, wenn ein solcher Schmerz oder solches Leid von oder über Auftrag oder mit Zustimmung einer im öffentlichen Leben stehenden Person zugefügt wird. Nicht dazu zu zählen ist Schmerz oder Leiden, die sich aus gesetzlichen Sanktionen ergeben."

● *Wo wird Folter angewandt?*

Die Folter kennt keine geographischen Grenzen, sie kann auch nicht einer einzigen politischen Ideologie oder einem bestimmten Wirtschaftssystem zugeordnet werden. Nichtstaatliche Organisationen wie Amnesty International oder die Internationale Juristenkommission haben Tausende Fälle von Folter in allen Teilen der Welt im letzten Jahrzehnt aufgezeigt.

● *Warum wird gefoltert, und wer foltert?*

Folter ist heute nicht nur ein zeitweiliges Abgehen von rechtlichen Beschränkungen in einigen wenigen Fällen; sie spiegelt vielmehr die bewußte Entscheidung höchster Regierungsbeamter wider, die gesetzlichen Beschränkungen zu beseitigen, die einen Mißbrauch ihrer Macht verhindern könnten. Einige Regierungen (und einige etablierte Befreiungsbewegungen) setzen die Folter als Mittel ein, um Informationen zu erlangen, Geständnisse zu erzwingen und die gesamte Bevölkerung zu terrorisieren.

● *Kann Folter gerechtfertigt werden?*

Nein, weder moralisch noch juristisch. Die meisten innerstaatlichen Gesetzgebungen und das Völkerrecht untersagen ausdrücklich die Anwendung der Folter. Alle Mitgliedstaaten der Vereinten Nationen sind durch *Artikel 5* der Allgemeinen Erklärung der Menschenrechte, der die Folter untersagt, verpflichtet. Einige argumentieren damit, daß in gewissen Ausnahmesituationen der Einsatz der Folter gerechtfertigt sei. Mancher wird argumentieren, ob nicht der Staat jedes verfügbare Mittel einsetzen sollte, um aus einem Terroristen, der unschuldige Leben in Gefahr gebracht hat, Informationen herauszupressen. Ganz abgesehen von den eindeutigen moralischen Prinzipien, die die Folter kategorisch verbieten, ist das Argument für die Folter aus mehrerlei Gründen falsch: Erstens führt die Folter zu falschen Geständnissen und unrichtigen Informationen; zweitens widerspricht die Folter dem Grundsatz der gerechten Bestrafung, der auf einer festgelegten Haftstrafe für ein bestimmtes Vergehen beruht; und drittens schafft die Anwendung der Folter in einem einzigen Fall eine Präzedenz für den Einsatz der Folter auf viel breiterer Ebene, je nach Willkür des Staates.

● *Was kann man tun, um der Folter Einhalt zu gebieten?*

Die Gewährung der vollen juristischen Rechte an den Untersuchungshäftling ist wohl die eindeutigste Maßnahme zur Verhinderung der Folter. Eine unabhängige Rechtsprechung und angemessener Zugang des Angeklagten zu frei gewählten Rechtsanwälten und Ärzten sind wesentlich. Auf internationaler Ebene können Veröffentlichungen über Folterungen sowie Interventionen durch Regierungen, zwischenstaatliche und nichtstaatliche Organisationen zugunsten des einzelnen, der von der Folter bedroht ist, dazu beitragen, daß das innerstaatliche Rechtssystem ausreichenden Schutz

MH... SAGEN WIR ALSO:
„NATÜRLICHE TODESURSACHE"
PLANTU

bietet. Ethik- und Verhaltenskodizes wurden erarbeitet, um Rechtsprechungsorgane, Juristen und Mediziner zu beraten und zu schützen, die am häufigsten mit den Opfern der Folter in Kontakt kommen und von deren Mut die Offenlegung von Folterungen abhängt. Internationale Organisationen könnten in ihren eigenen Wirkungsbereichen sehr wesentliche Beiträge leisten. Die UNESCO kann im Bereich der öffentlichen Information und in der Erziehung bei der Verurteilung der Folter eine wichtige Rolle spielen; gleiches gilt für die WHO in Hinsicht auf die Durchsetzung von ethischen Normen und auf den Schutz des ärztlichen Personals.

● *Welche anderen internationalen Rechtsinstrumente sind in bezug auf die Folter geplant?*

Die Konvention gegen Folter und andere grausame, unmenschliche und entwürdigende Behandlungen und Bestrafungen, die von der Generalversammlung der Vereinten Nationen mit Resolution 39/46 am 10. Dezember 1984 angenommen wurde, wird 30 Tage nach der Unterzeichnung durch 20 Staaten in Kraft treten(1). Diese Konvention verurteilt die Folter und verpflichtet die Unterzeichnerstaaten, die Folter im Bereich ihrer Rechtsprechung zu verhindern und sie zu einem strafbaren Vergehen zu machen. Dieses Unterfangen kann nicht geschmälert und es können keine Umstände geltend gemacht werden, die die Folter rechtfertigen würden.

Es gibt auch Vorkehrungen für eine „universelle Strafgesetzgebung“, das heißt, daß der Staat, in welchem die Folter festgestellt wird, unter bestimmten Voraussetzungen Strafverfolgung durchführen kann.

---

(1) Bis 30. November 1986 hatten 56 Staaten die Konvention unterzeichnet und 13 ratifiziert: Ägypten, Argentinien, Belize, Bulgarien, Frankreich, Mexiko, Norwegen, Philippinen, Schweden, Schweiz, Senegal, Uganda, Uruguay. Zu diesem Thema siehe auch: *„Die Behandlung von Gefangenen unter dem Völkerrecht“* von Nigel Rodley, UNESCO und Oxford University Press 1987.

● *Welche Mittel stehen für die Durchführung dieser Konvention zur Verfügung?*

Artikel 17 der Konvention sieht die Einrichtung eines Komitees gegen Folter vor, das aus zehn von den Unterzeichnerstaaten nominierten und gewählten Mitgliedern besteht, die ihre Aufgaben in persönlicher Eigenschaft erfüllen.

Das Komitee ist berechtigt, die Durchführung der Konvention auf dreierlei Weise zu überwachen:

a) unter *Artikel 19* studiert das Komitee Berichte der Unterzeichnerstaaten über die von ihnen ergriffenen Maßnahmen zur Durchführung der Konvention. Darüber hinaus hat das Komitee die Möglichkeit, verläßliche Informationen über die angebliche Ausübung der Folter in einem Vertragsstaat zu empfangen und zu untersuchen, vorausgesetzt, daß der Vertragsstaat bei der Ratifizierung in dieser Hinsicht keine Vorbehalte angemeldet hat;

b) unter *Artikel 21* kann das Komitee Beschwerden eines Staates über einen anderen untersuchen, vorausgesetzt, daß beide Staaten eine spezielle Erklärung abgegeben haben, in welcher diese Rolle des Komitees akzeptiert wird;

c) unter *Artikel 22* kann es von Einzelpersonen oder für Einzelpersonen Kommunikationen über vermeintliche Verletzungen durch einen Staat empfangen und untersuchen, vorausgesetzt, daß der Staat eine Erklärung hinsichtlich der Anerkennung dieser Funktion des Komitees abgegeben hat.

Die Maßnahmen unter b) und c) treten in Kraft, wenn jeweils fünf solche Erklärungen abgegeben wurden.

● *Was versteht man unter grausamer, unmenschlicher oder entwürdigender Behandlung von Gefangenen?*

Derzeit gibt es noch keine international anerkannte Definition dieser Begriffe. Verschiedene internationale Fachleute und Organisationen nennen hier: körperliche Strafe, Zwangsernährung, Einzelhaft, Beeinträchtigung durch Handschellen oder andere Schmerz verursachende Mittel, Verhöre unter Nötigung, Kastration von Sexualattentätern, bio-medizinische Experimente an Gefangenen, Anwendung von Drogen an Inhaftierten oder Maßnahmen wie die Beschneidung von Frauen.

● *Gibt es internationale Normen für die Behandlung von Häftlingen?*

Die „Mindest-Standard-Regeln für die Behandlung von Gefangenen" der Vereinten Nationen wurde im Jahre 1955 erstmals gebilligt und kürzlich von der Generalversammlung der Vereinten Nationen abgeändert und beschlossen. Diese Regeln liegen noch nicht in ausreichender Anzahl und in den erforderlichen Sprachen für all jene vor, die sie kennen müßten. Im Dezember 1979 beschloß die Generalversammlung der Vereinten Nationen einen „Verhaltenskodex für Exekutivorgane". Eine „Sammlung von Grundsätzen zum Schutz aller angehaltenen oder inhaftierten Personen" wurde der Generalversammlung der Vereinten Nationen im Jahre 1981 vorgelegt; darüber wird noch diskutiert.

Artikel 6 *Jeder Mensch hat überall Anspruch auf Anerkennung als Rechtsperson.*

Artikel 7 *Siehe Artikel 2.*

Artikel 8 *Jeder Mensch hat Anspruch auf wirksamen Rechtsschutz vor den zuständigen innerstaatlichen Gerichten gegen alle Handlungen, die seine ihm nach der Verfassung oder nach dem Gesetz zustehenden Grundrechte verletzen.*

Artikel 6 ist der erste in einer Reihe von eher „juristischen" Menschenrechten. Mit dem Begriff „Rechtsperson" erkennt der Staat an, daß jeder Mensch etwa das Recht hat, Vereinbarungen oder Verträge abzuschließen, die gerichtlich durchgesetzt werden können, oder Gerichtsverfahren anhängig zu machen, um seine gesetzlichen Rechte durchzusetzen.

Ein außerordentlich wichtiger Bestandteil dieses Artikels ist das Wort „jeder". Es weist darauf hin, daß kein Staat das Recht hat, zwischen seinen eigenen Bürgern und Fremden oder Staatenlosen bei der Durchsetzung aller Rechte, die eine „Rechtsperson" besitzt, Unterschiede zu machen.

● *Was kann jemand tun, dessen verfassungsmäßige oder gesetzliche Rechte verletzt werden?*

Es ist Ziel des *Artikels 8,* das Einspruchsrecht bei einem inländischen Gericht für jene Personen zu schaffen, die sich in ihren verfassungsmäßigen oder gesetzlichen Rechten verletzt fühlen. Er bezieht sich nicht auf die in der Allgemeinen Erklärung enthaltenen Rechte, sondern lediglich auf jene, die dem einzelnen durch die Verfassung oder die Gesetze eines Staates zustehen.

Das bedeutet, daß es keine Situation geben soll, in welcher einem Menschen kein „Hilfsmittel" zur Verfügung steht, wenn seine „Rechte" verletzt werden. Darüber hinaus bedeutet die Tatsache, daß „jeder" eigens erwähnt wird, daß das Recht auf ein Hilfsmittel („das Recht zu klagen") nicht auf bestimmte Gruppen von Menschen beschränkt werden darf. Das Wort „zuständig" bezieht sich auf die Gerichte, die für bestimmte Zwecke eingesetzt wurden. Es kann sich also jemand, der behauptet, arbeitsrechtlich benachteiligt zu werden, nicht an ein Gericht wenden, das beispielsweise für Familienrecht zuständig ist. Ein sehr gängiges praktisches Beispiel für die Verletzung dieses Rechts bieten jene Länder, in denen die Folter zwar illegal, es einer Person jedoch verboten ist, vor Gericht auszusagen, sie sei Opfer dieser Praktiken geworden.

Artikel 9 *Niemand darf willkürlich festgenommen, in Haft gehalten oder des Landes verwiesen werden.*

● *Sind derlei Maßnahmen jemals zu rechtfertigen?*

Artikel 9 ist der erste von drei Artikeln, die sich mit den grundlegenden rechtlichen Schutzmaßnahmen befassen, die alle Rechtssysteme anbieten sollten: Freiheit von willkürlicher Festnahme, das Recht auf ein gerechtes, angemessenes Verfahren und die Annahme der Schuldlosigkeit. Der Sinn des *Artikel 9* ist klar, mit Ausnahme des Begriffs „willkürlich". Zwei mögliche Interpretationen dieses Begriffs werden häufig vorgebracht: Eine ist, daß Personen nur dann verhaftet, angehalten oder ausgewiesen werden dürfen, wenn dies mit den gesetzlichen Vorkehrungen in Einklang steht; die zweite besagt, daß niemand einer zufälligen oder wahllosen Verhaftung, Anhaltung oder Ausweisung unterworfen werden darf, von dem nicht angenommen werden kann, daß er ein Vergehen begangen hat.

Die erste Interpretation ist unzureichend, da die Gesetze sehr oft eine überraschende Festnahme vorsehen und weil die gesetzlichen Vorgänge oft selbst „willkürlich" oder mißbräuchlich gehandhabt werden können. Der unter dieser ersten Interpretation angebotene Schutz ist also unzureichend, um solche Bedrohungen der Menschenwürde unmöglich zu machen. Demgemäß ist die zweite Interpretation die einzig realistische. Unterstrichen wird diese Feststellung durch die Tatsache, daß sehr häufig auf eine willkürliche – wenn auch legale – Festnahme eine Mißhandlung oder Folterung des Festgenommenen folgt.

Artikel 10 *Jeder Mensch hat in voller Gleichberechtigung Anspruch auf ein der Billigkeit entsprechendes und öffentliches Verfahren vor einem unabhängigen und unparteiischen Gericht, das über seine Rechte und Verpflichtungen oder über irgendeine gegen ihn erhobene strafrechtliche Beschuldigung zu entscheiden hat.*

● *Wie sollten sich die Gerichte verhalten?*

Artikel 10 sieht das Grundrecht auf ein gerechtes Verfahren vor. Das bezieht sich nicht nur auf Kriminalfälle, sondern auch auf zivilrechtliche Auseinandersetzungen, in denen eine Person eine andere klagt. Ziel dieses Artikels ist es, eine gerechte Anhörung aller Personen, die vor einem Gericht erscheinen, durch ein unabhängiges und unparteiisches Gericht zu gewährleisten.

Wenngleich bisweilen argumentiert wird, daß Begriffe wie „gerecht", „unparteiisch" und „unabhängig" von Land zu Land unterschiedlich interpretiert werden, geht es hier doch um die wesentliche Forderung, daß jedermann eine faire Chance bekommt, seinen Fall vorzubringen.

Artikel 11 *1. Jeder Mensch, der einer strafbaren Handlung beschuldigt wird, ist so lange als unschuldig anzusehen, bis seine Schuld in einem öffentlichen Verfahren, in dem alle für seine Verteidigung notwendigen Voraussetzungen gewährleistet waren, gemäß dem Gesetz nachgewiesen ist.*

2. Niemand kann wegen einer Handlung oder Unterlassung verurteilt werden, die im Zeitpunkt, da sie erfolgte, auf Grund des nationalen oder internationalen Rechts nicht strafbar war. Desgleichen kann keine schwerere Strafe verhängt werden, als die, die im Zeitpunkt der Begehung der strafbaren Handlung anwendbar war.

● *Welches sind die Minimalvoraussetzungen für ein gerechtes Verfahren?*

Artikel 11 umfaßt vier Grundsätze:

1. Die Annahme der Unschuld

Dies ist ein einfaches, aber außerordentlich wichtiges Konzept. Es bedeutet, daß jemand, der eines kriminellen Vergehens beschuldigt wird, so lange für unschuldig zu gelten hat, bis seine Schuld tatsächlich nachgewiesen ist. In manchen Ländern beruht darauf das Recht auf Erlegung einer Kaution. Das kann bedeuten, daß eine beschuldigte Person bis zum Prozeß auf freiem Fuß bleiben kann.

2. Das Recht auf Verteidigung

Das Wort „gewährleisten" in *Artikel 11* umfaßt unter anderem auch die Verpflichtung eines Staates zu gewährleisten, daß die Menschen sowohl Rechtsbeistand als auch entsprechende Möglichkeiten zum Beweis ihrer Unschuld erhalten, einschließlich des Rechts auf Namhaftmachung von Zeugen.

3. Das Recht auf ein öffentliches Verfahren

Hierin ist der Grundsatz enthalten, „Gerechtigkeit soll nicht nur geübt werden, man sollte auch sehen, daß sie geübt wird". Damit die Bevölkerung dem Gesetz vertraut, ist es notwendig, daß das Gesetz öffentlich zur Anwendung kommt; ferner muß jedermann die Möglichkeit haben, zu sehen, wie die Gesetzesmaschinerie arbeitet. Wenn Verfahren geheim durchgeführt werden, gibt es keine Gewähr dafür, daß die Grundrechte tatsächlich beachtet werden. Dieser Teil des *Artikels 11* legt dem Staat die Verpflichtung auf, zu zeigen, daß das Gesetz gerecht und angemessen zur Anwendung gelangt.

4. Die Nicht-Rückwirksamkeit des Gesetzes

Dieser schwierige Begriff beinhaltet eine ganz einfache Idee. Ein Mensch soll nicht für etwas bestraft werden, was zum Zeitpunkt der Tat nicht strafbar war. Er bedeutet auch, daß, wenn eine Tat zum Zeitpunkt ihres Begehens in bestimmter Art und Weise strafbar war, kein späteres Gesetz die zu verhängende Strafe beeinflussen darf.

Die Einbeziehung des „internationalen Rechts" berücksichtigt etwa die großen Kriegsverbrecherprozesse von Nürnberg und Tokio, die nach dem Ende des Zweiten Weltkriegs stattfanden. Diese führten zur Verurteilung von Kriegsverbrechen, Verbrechen, die vor internationalen Gerichtshöfen verhandelt wurden, und zwar auf der Grundlage von Gesetzen mit weltweiter Anwendbarkeit (Völkerrecht) und nicht so sehr auf der Grundlage der spezifischen Gesetze der einzelnen Staaten.

Artikel 12 *Niemand darf willkürlichen Eingriffen in sein Privatleben, seine Familie, sein Heim oder seinen Briefwechsel noch Angriffen auf seine Ehre und seinen Ruf ausgesetzt werden. Jeder Mensch hat Anspruch auf rechtlichen Schutz gegen derartige Eingriffe oder Anschläge.*

Gesetze sind ebenso unterschiedlich wie Gebräuche und Kulturen. Ebenso unterschiedlich sind gesetzliche Interpretationen und Begrenzungen, die von Regierungen oder lokalen Gesetzgebungen und Traditionen auferlegt werden, wenn es um die Begriffe des „Privatlebens", der „Familie", des „Heims", der „Ehre" und des „Rufs" geht. Die Durchführung dieses Rechts erfolgt daher letztlich in der Gesetzgebung. Besondere Probleme ergeben sich aus dem Einsatz moderner elektronischer Technologien, wie etwa der unerlaubte

Zugang zu vertraulichen Informationen in Datenbänken oder die Praxis des „Anzapfens" von privaten Telefongesprächen. Mißbräuche sind nur sehr schwer aufzudecken und zu beweisen.

Artikel 13 *1. Jeder Mensch hat das Recht auf Freizügigkeit und freie Wahl seines Wohnsitzes innerhalb eines Staates.*

2. Jeder Mensch hat das Recht, jedes Land, einschließlich seines eigenen, zu verlassen, sowie in sein Land zurückzukehren.

● *Gibt es gute Gründe, die Bewegung von Menschen innerhalb ihres eigenen Landes oder zwischen verschiedenen Ländern zu beschränken?*

Artikel 12 des Internationalen Paktes über bürgerliche und politische Rechte proklamiert dasselbe Recht und fügt hinzu, daß die einzigen Einschränkungen, die diesem Recht auferlegt werden können, jene sind, die von Gesetzes wegen festgelegt werden, um die nationale Sicherheit, öffentliche Gesundheit oder Moral oder die Rechte und Freiheiten anderer zu schützen, und die im Einklang mit den anderen im selben Pakt enthaltenen Rechten stehen. Gemäß *Artikel 4* des Paktes können gewisse Abstriche von diesem Recht in „Zeiten öffentlichen Notstandes gemacht werden, der das Leben der Nation bedroht und der offiziell als solcher proklamiert worden ist". Diese Ausnahmen sind zeitlich begrenzt und von den jeweiligen Umständen abhängig. Sie beruhen auf der legitimen Notwendigkeit, die Sicherheit anderer zu schützen. So kann etwa eine Naturkatastrophe oder Epidemie – ebenso wie ein internationaler Krieg oder Bürgerkrieg – eine solche Einschränkung dieses Rechts notwendig machen. Ein weiterer Grund für die zeitweilige Einschränkung wäre, zu verhindern, daß jemand, der gemäß den Gesetzen des Landes ein anhängiges Gerichtsverfahren zu erwarten hat, das Land verläßt; ebenso müßte ein Häftling seine Kerkerstrafe vollständig verbüßen, ehe er das Land verlassen darf. Keine dieser Maßnahmen ist jedoch eine willkürliche oder dauernde Beschränkung dieses Rechts.

ZIEL DIESES PROZESSES IST ES, SIE IN EINEM GERECHTEN VERFAHREN ZUM TODE ZU VERURTEILEN!
PLANTU

● *Auf welche Art und Weise werden Menschen ihrer Bewegungsfreiheit beraubt?*

Es gibt einige Länder, die aus politischen Gründen das Reisen innerhalb ihrer Grenzen für ihre eigenen Staatsbürger oder für Fremde beschränken. Ein Bericht der Vereinten Nationen hat die zwangsweise Vertreibung Hunderttausender Menschen aus den Städten in ländliche Gebiete Kampucheas dokumentiert.

In Südafrika, wo die rassische Diskriminierung institutionalisiert ist, werden nicht-weiße Menschen gezwungen, in bestimmten, ihnen zugewiesenen Gebieten zu leben. Sehr oft werden sie gleichzeitig ihrer Staatsbürgerschaft beraubt und andererseits in ihrem Recht auf freie Ausreise durch den Entzug ihrer Pässe beschnitten. Menschen aus allen Gesellschaftsschichten wurden aufgrund ihrer oppositionellen Haltung gezwungen, aus ihrem Gebiet auszusiedeln. Solche Maßnahmen werden im allgemeinen nicht auf gesetzlicher Grundlage ergriffen, sondern als reine Verwaltungsakte. Es handelt sich dabei um eindeutige Fälle von Rechtsverletzungen. Andere Fälle sind schwieriger zu beurteilen, weil sich die dafür angegebenen Gründe oft – wie oben erwähnt – auf berechtigte Einschränkungen und Begrenzungen beziehen. So können etwa Staaten mit planwirtschaftlichen Systemen Menschen zwingen, an Orten zu arbeiten und zu leben, die im Sinne der staatlich festgelegten Prioritäten ausgewählt werden. Gewissen Berufsgruppen werden bisweilen Wohnsitzbeschränkungen auferlegt, weil sie in bestimmten Landesteilen besonders dringend gebraucht werden. Auch im Falle eines norwegischen Zahnarztes, der gegen seinen Willen in einen abgelegenen Ort im Norden des Landes versetzt wurde, konnte die Europäische Menschenrechtskommission keine Verletzung der Europäischen Menschenrechtskonvention feststellen(1).

(1) Es handelt sich um den Fall Iversen gegen Norwegen.

Artikel 14 *1. Jeder Mensch hat das Recht, in anderen Ländern vor Verfolgung Asyl zu suchen und zu genießen.*

2. Dieses Recht kann jedoch im Falle einer Verfolgung wegen nichtpolitischer Verbrechen oder wegen Handlungen, die gegen die Ziele und Grundsätze der Vereinten Nationen verstoßen, nicht in Anspruch genommen werden.

● *Was bedeutet der Begriff „Asyl"?*

Asyl bedeutet die Bereitstellung einer Zufluchtsstätte und des Schutzes für Personen, die ihr eigenes Land aus Angst vor Verfolgung verlassen haben.

● *Warum sieht die Allgemeine Erklärung nur das Recht vor, in anderen Ländern Asyl zu suchen, und nicht auch das Recht, Asyl zu erhalten?*

Viele Länder waren nicht bereit, die Verpflichtung auf sich zu nehmen, ihre Grenzen für große Zahlen von Menschen zu öffnen, von denen einige, so befürchtete man, eine Gefahr für die nationale Sicherheit darstellen könnten.

Daher ist die Gewährung des Asyls nicht ein subjektives individuelles Recht, sondern ein souveränes Recht, das ein Staat nach seinem Gutdünken gewähren kann. Viele Länder haben Gesetze, die bestimmten Flüchtlingskategorien das Asylrecht einräumen, es gibt jedoch keine von allen Ländern akzeptierten Kriterien dafür.

● *Welchen internationalen Schutz gibt es für Flüchtlinge?*

Die wichtigsten Rechtsinstrumente für Flüchtlinge sind die Konvention über die Rechtsstellung der Flüchtlinge (1951) und deren Erweiterung durch das Protokoll von 1967, die die Regeln für die Behandlung der Flüchtlinge festlegen. 94 Länder haben diese beiden

Rechtsinstrumente bis 30. November 1986 ratifiziert. Die Sicherheit der Flüchtlinge beruht darauf, daß ihnen Asyl gewährt wird und daß der Grundsatz der Nichtrückstellung eingehalten wird. Das heißt, daß kein Mensch an der Grenze oder nach Einreise in ein anderes Land zur Umkehr oder Rückkehr in jenes Land gezwungen wird, das er verlassen hat, weil er seine Freiheit oder sein Leben aus folgenden Gründen bedroht glaubte: Rasse, Religion, Nationalität, politische Meinung oder Zugehörigkeit zu einer bestimmten sozialen Gruppe. Die weitverbreitete Anerkennung dieses Grundsatzes hat zu einem verstärkten Schutz der Flüchtlinge geführt, doch wird er bedauerlicherweise nicht immer eingehalten. Dieser Schutz ist nicht an die Gewährung des Asyls gebunden, sodaß ein Flüchtling aufgefordert werden kann, in ein anderes Land weiterzureisen, wo ihm das gleiche wieder passieren kann; dadurch entstehen die sogenannten „unerwünschten Flüchtlinge". Ein dramatisches Beispiel aus jüngster Zeit ist die Flucht von Menschen aus ihrer Heimat in kleinen Booten, auf der Suche nach einem Zufluchtsort.

Das Hochkommissariat für Flüchtlingsfragen der Vereinten Nationen (UNHCR – United Nations High Commissioner for Refugees) ist für die Überwachung der internationalen Vorkehrungen zum Schutz der Flüchtlinge ebenso zuständig wie für die Durchführung umfassender Hilfsmaßnahmen zur gesellschaftlichen und wirtschaftlichen Integration der Flüchtlinge.

Ende 1985 zählte man weltweit 15 Millionen Flüchtlinge und Verschleppte auf fünf Kontinenten, für die UNHCR zu sorgen hatte. UNHCR bemüht sich um dauerndes oder zeitweiliges Asyl für Flüchtlinge und um den Schutz vor der Abschiebung in Länder, in denen sie Verfolgung zu befürchten haben. Obgleich UNHCR unter dem Mandat der internationalen Rechtsinstrumente handelt, bleibt die Durchführung der festgelegten Normen doch in der Kompetenz der einzelnen Regierungen; im Jahr 1977 stellte der damalige Hochkommissar für Flüchtlinge fest, daß „in vielen Fällen die internationalen humanitären Normen nicht ausreichend angewendet und nur allzu oft verletzt werden. Flüchtlinge wurden Opfer von Gewalt und Folter, von ungebührlich langen Perioden ungerechtfertigter Anhaltung und Maßnahmen der Ausweisung oder Rückstellung, was einer Mißachtung des Grundsatzes der Nicht-Auslieferung gleichkommt".

Artikel 15 *1. Jeder Mensch hat Anspruch auf eine Staatsangehörigkeit.*

2. Niemandem darf seine Staatsangehörigkeit willkürlich entzogen noch ihm das Recht versagt werden, seine Staatsangehörigkeit zu wechseln.

● *Warum brauchen Menschen eine Staatsbürgerschaft?*

Wäre die Welt ein einziger Staat und hätten alle Menschen unter universellen Gesetzen die gleichen Rechte, bestünde keine Notwendigkeit einer Staatsbürgerschaft. Da die Welt aber nicht so organisiert ist, bleibt die Staatsangehörigkeit sowohl für das materielle als auch für das geistige Wohlbefinden der Menschen innerhalb der Gesellschaft notwendig. Die Staatsangehörigkeit versieht den einzelnen mit einer Identität. Im materiellen Sinn bezieht sich diese Identität auf eine geographische Örtlichkeit und das damit verbundene Recht auf den Schutz durch die Gesetze des jeweiligen Staates. Der Staat hat auch Verpflichtungen, was die Behandlung seiner Angehörigen durch andere Staaten betrifft. Im geistigen Sinne verschafft die Staatsbürgerschaft dem einzelnen ein Gefühl der Zugehörigkeit und des Selbstwertes.

Daher bedeutet es für den einzelnen oder für eine Gruppe von Bürgern eine schwere Strafe, wenn ihnen ihr Staat die Staatsbürgerschaft aberkennt, was zumeist aus politischen Gründen geschieht. Diese Menschen werden „staatenlos“ und sind zu ihrem Schutz von den Gesetzen und Praktiken jenes Landes abhängig, das ihnen Aufnahme gewährt.

Das individuelle Recht auf Staatsangehörigkeit war eines jener Rechte, auf die sich die Mitgliedstaaten nicht einigen konnten; aus diesem Grund legt *Artikel 24* des Internationalen Paktes über bürgerliche und politische Rechte lediglich das Recht jedes Kindes fest, eine Staatsbürgerschaft zu erhalten. Das kollektive Recht auf Staatsangehörigkeit ist in beiden Internationalen Pakten enthalten, und zwar in dem Begriff des Rechts aller Völker auf Selbstbestimmung. In diesem Sinne sollten alle Völker das Recht haben, ihre eigene politische, wirtschaftliche, soziale und kulturelle Entwicklung zu bestimmen. Fremdherrschaft, Unterjochung und Ausbeutung sind eine Verweigerung der grundlegenden Menschenrechte. Daher stellte die Beseitigung der Kolonialreiche nach dem Zweiten Weltkrieg in politischer Hinsicht eine Bestätigung dieses Grundrechts dar. Die gesamte Frage der Staatsbürgerschaft steht oft im Zentrum politischer Auseinandersetzungen. Entscheidend (und in *Artikel 15* anerkannt) ist die Tatsache, daß die Staatsangehörigkeit ein Geburtsrecht ist. Zusätzliche Regelungen für Menschen, die ihre Staatsangehörigkeit verloren haben, sind in dem Abkommen über die Rechtstellung der Staatenlosen (1954) und in dem Übereinkommen zur Verminderung der Staatenlosigkeit (1961) enthalten.

Artikel 16 *1. Heiratsfähige Männer und Frauen haben ohne Beschränkung durch Rasse, Staatsbürgerschaft oder Religion das Recht, eine Ehe zu schließen und eine Familie zu gründen. Sie haben bei der Eheschließung, während der Ehe und bei deren Auflösung gleiche Rechte.*

2. Die Ehe darf nur auf Grund der freien und vollen Willenseinigung der zukünftigen Ehegatten geschlossen werden.

3. Die Familie ist die natürliche und grundlegende Einheit der Gesellschaft und hat Anspruch auf Schutz durch Gesellschaft und Staat.

Die Einstellungen zur Ehe sind sehr unterschiedlich, und die Familiengesetzgebung beruht auf besonderen religiösen, kulturellen und sozialen Verhaltensmustern. Die Rechte werden zwar festgestellt, ihr Schutz ist jedoch nicht einheitlich. Das Konzept der „freien und vollen Willensentscheidung" führt in bestimmten Kulturen zu besonderen Problemen; die Regelungen, die diese Angelegenheiten ordnen, wurden detaillierter in den UN-Übereinkommen über die Erklärung des Ehewillens, das Heiratsmindestalter und die Registrierung von Eheschließungen (1962) und in einer 1965 beschlossenen einschlägigen Empfehlung aufgeführt.

FREIHEIT! GERECHTIGKEIT! WÜRDE! FRIEDEN!!
WIE WIRD DAS NUR WERDEN, WENN ER ERST ERWACHSEN IST?
PLANTU

Artikel 17 *1. Jeder Mensch hat allein oder in Gemeinschaft mit anderen das Recht auf Eigentum.*

2. Niemand darf willkürlich seines Eigentums beraubt werden.

Eigentum wurde auf dieselbe Ebene wie Freiheit, Sicherheit und Widerstand gegen die Unterdrückung gestellt, und zwar bereits im Jahr 1789 in der französischen Menschen- und Bürgerrechtserklärung. Nach 200 Jahren gesellschaftlicher und wirtschaftlicher Entwicklung hat sich der Eigentumsbegriff und sein Bezug zu den Menschenrechten weiterentwickelt und stellt heute eine sehr komplexe und kontroversielle Materie dar. Obwohl dieses Recht auf Eigentum in der Allgemeinen Erklärung festgehalten ist, fand es keinen Eingang in die Internationalen Pakte.

Artikel 18 *Jeder Mensch hat Anspruch auf Gedanken-, Gewissens- und Religionsfreiheit; dieses Recht umfaßt die Freiheit, seine Religion oder seine Überzeugung zu wechseln, sowie die Freiheit, seine Religion oder seine Überzeugung allein oder in Gemeinschaft mit anderen, in der Öffentlichkeit oder privat, durch Lehre, Ausübung, Gottesdienst und Vollziehung von Riten zu bekunden.*

Das Recht zu denken und seine Meinung zu äußern, entspricht einem grundlegenden geistigen Bedürfnis des Menschen. Es ermöglicht, seinem Gewissen entsprechend zu handeln, kulturelle Werte zu schätzen und religiöse Überzeugungen zu haben.

Das Problem liegt nicht in der Freiheit von Gedanken, Gewissen und Religion, sondern in dem Recht, Gedanken auszudrücken, in Übereinstimmung mit dem Gewissen zu handeln und Religion auszuüben.

- *Wenn diese menschlichen Fähigkeiten so wichtig sind, warum hat man sie dann nicht zu ihrem Schutz in eine (durchsetzbare) Konvention aufgenommen?*

Verschiedene Staaten haben sehr unterschiedliche Auffassungen hinsichtlich der Religion – sie reichen von der Aufforderung, alle Menschen sollten einer offiziellen Religion angehören, bis zur Ablehnung jedes religiösen Glaubens und der Erziehung zum Atheismus. Ferner löst die Frage des Verhältnisses der Gewissensfreiheit des einzelnen zur Gesellschaft und Politik seines Landes Auseinandersetzungen aus. Wie kontrovers dieser Bereich der internationalen Menschenrechte ist, beweist die Tatsache, daß die internationale Gemeinschaft 20 Jahre brauchte, um zu einem Übereinkommen über eine internationale Norm zu gelangen.

Die Deklaration über die Eliminierung aller Formen von Intoleranz und Diskriminierung aufgrund von Glaube oder Überzeugung wurde von den Vereinten Nationen am 25. November 1981 angenommen.

Artikel 19 *Jeder Mensch hat das Recht auf freie Meinungsäußerung; dieses Recht umfaßt die Freiheit, Meinungen unangefochten anzuhängen und Informationen und Ideen mit allen Verständigungsmitteln ohne Rücksicht auf Grenzen zu suchen, zu verbreiten.*

- *Ist es möglich, die freie Meinungsäußerung zu unterbinden?*

Die Verfolgung von Schriftstellern und Journalisten, das Verbot von Büchern, die Untersagung der Veröffentlichung von Büchern, Zeitschriften und Zeitungen, staatlicher Besitz und staatliche Kontrolle der Medien sowie die Zensur, sie alle sind bekannte Mittel, diese Rechte zu beschneiden. In den meisten Ländern der Welt werden die verschiedenen Formen dieser Unterdrückung der freien Meinungsäußerung praktiziert. Sie stehen zumeist im Rahmen der Gesetze und Verordnungen des jeweiligen Landes und werden mit Begründungen von Verantwortungslosigkeit bis zu Subversion gerechtfertigt. Wo diese Maßnahmen von Diktaturen oder in Not-

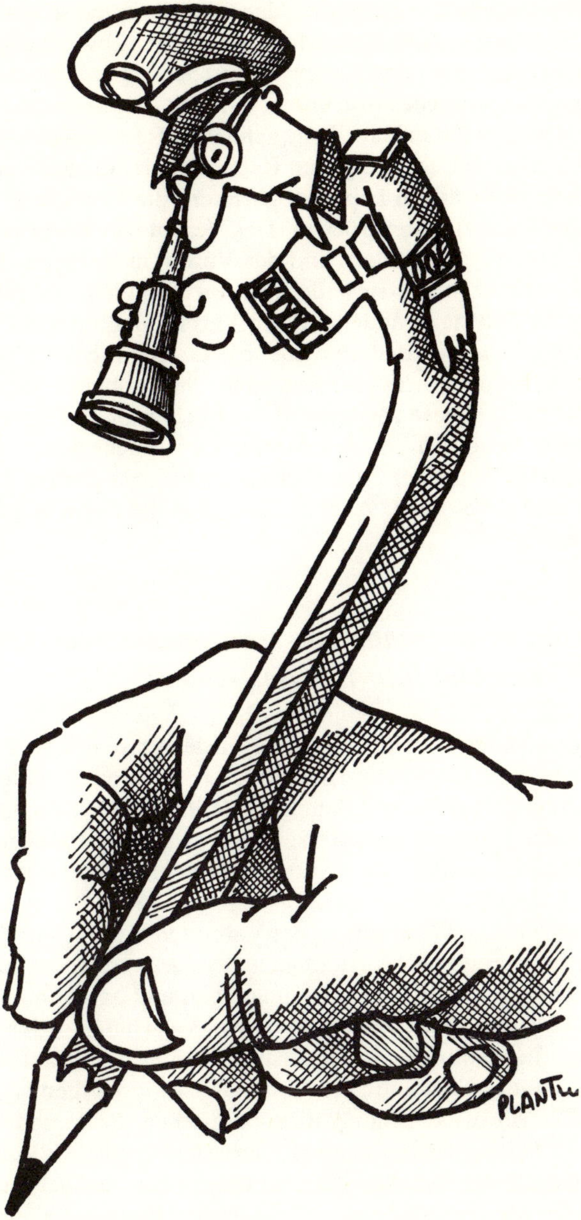

(Erstmals erschienen in „La démocratie? Parlons-en!“, Paris, Editions Alain Moreau)

standssituationen ergriffen werden, sind sie zumeist von Angst getragen: Angst vor der Herausforderung durch abweichende Ansichten und Angst aus dem Wissen heraus, daß die freie Meinungsäußerung ein wesentliches Instrument darstellt, alle anderen Grundfreiheiten zu gewährleisten. Zwar gelingt es Regierungen, diese Freiheiten innerhalb ihrer eigenen Rechtshoheit einzuschränken, aber letztlich gibt es doch keine Möglichkeit, die Gedanken- und Meinungsfreiheit zu unterdrücken. Das Verbot von Büchern bringt sie nicht zum Verschwinden, und das Verbot ihrer Herausgabe kann nicht verhindern, daß sie andernorts veröffentlicht und gelesen werden oder daß sie in anderer Form Verbreitung finden. Der lateinamerikanische Schriftsteller Eduardo Galeano schrieb: „... die Militärs verbrennen keine Bücher mehr: Sie verkaufen sie an die Papierfabriken. Diese zerkleinern die Bücher und bringen sie in Papierform neuerlich auf den Markt. Es ist nicht wahr, daß Marx, Freud oder Piaget der Öffentlichkeit nicht zugänglich sind. In Buchform sind sie es nicht. Aber sie sind es in der Form von Papierservietten."

● *Gibt es internationale Instrumente zum Schutz der Presse- und Informationsfreiheit?*

Schon seit langem ist dies ein Anliegen der Vereinten Nationen. Der Entwurf einer Konvention und einer Deklaration über die Informationsfreiheit werden seit dem Jahr 1959 bzw. 1960 diskutiert. Was sich einer Einigung in den Weg stellt, ist die grundsätzliche Meinungsverschiedenheit der Staaten darüber, was unter „Informationsfreiheit" zu verstehen sei.

Daher ist die Wirksamkeit der Vereinten Nationen in diesem Bereich zu begrenzt; die Verteidigung der Pressefreiheit wurde im wesentlichen von den Berufsvereinigungen und anderen nichtstaatlichen Organisationen wahrgenommen. Auch hat die UNESCO eine Reihe internationaler Rechtsinstrumente in bezug auf den freien Fluß von Ideen mit Hilfe der Kommunikationsmedien beschlossen. Als Teil ihres kommunikationspolitischen Programms hat die UNESCO eine Reihe regionaler zwischenstaatlicher Konferenzen abgehalten, die sich der Aufgabe unterzogen, das schwierige Problem der Meinungsunterschiede in diesem Bereich zu lösen. Sie hat sich auch um die Anerkennung des „Rechts auf Kommunikation" als Menschenrecht bemüht.

(Erstmals erschienen in „Pauvres chéris", Paris, Editions du Centurion)

Die Internationale Kommission zum Studium der Kommunikationsprobleme unter dem Vorsitz des Friedens-Nobelpreisträgers Sean MacBride bot eine einmalige Gelegenheit, diese Probleme eingehend zu studieren[1].

● *Handelt es sich hier um uneingeschränkte Freiheiten?*

Im Sinne des Internationalen Paktes über bürgerliche und politische Rechte birgt die Ausübung der freien Meinungsäußerung „besondere Pflichten und Verantwortlichkeiten" in sich. Der Pakt enthält auch Vorkehrungen für ein Verbot „jeglicher Form der Kriegspropaganda" oder „jeglicher Bejahung nationalen, rassischen oder religiösen Hasses, die eine Hetze zu Diskriminierung, Feindschaft

(1) Siehe den Kommissionsbericht *„Viele Stimmen – Eine Welt"*, Universitätsverlag Konstanz 1981.

oder Gewalt darstellen". Die freie Meinungsäußerung ist daher nicht absolut, wenngleich es keine Einigkeit darüber gibt, in welchem Ausmaß sie beschränkt werden sollte; viele vertreten die Ansicht, daß so gut wie keine Beschränkungen gerechtfertigt seien.

Artikel 20 *1. Jeder Mensch hat das Recht auf Versammlungs- und Vereinigungsfreiheit zu friedlichen Zwecken.*

2. Niemand darf gezwungen werden, einer Vereinigung anzugehören.

Das Recht auf Vereinigungsfreiheit ist die einzige Form, in der Menschen kollektiv ihre Ziele zum Ausdruck bringen, als Gruppe Druck ausüben und die Interessen des einzelnen schützen können.

Um dieses Recht zu gewährleisten, bedarf es keiner positiven Taten von Regierungsseite; andererseits haben die Regierungen die Macht, dieses Recht einzuschränken. Es wird zwar geltend gemacht, daß es in ganz bestimmten Fällen berechtigte Gründe für solche Beschränkungen geben kann, doch wird von dieser Möglichkeit als Mittel der Unterdrückung allzu oft Gebrauch gemacht und dadurch dieser Artikel der Allgemeinen Erklärung verletzt.

Artikel 21 *1. Jeder Mensch hat das Recht, an der Leitung der öffentlichen Angelegenheiten seines Landes unmittelbar oder durch frei gewählte Vertreter teilzunehmen.*

2. Jeder Mensch hat unter gleichen Bedingungen das Recht auf Zulassung zu öffentlichen Ämtern in seinem Lande.

3. Der Wille des Volkes bildet die Grundlage für die Autorität der öffentlichen Gewalt; dieser Wille muß durch periodische und unverfälschte Wahlen mit allgemeinem und gleichem Wahlrecht bei geheimer Stimmabgabe oder in einem gleichwertigen freien Wahlverfahren zum Ausdruck kommen.

In der Praxis wird dieses Recht je nach innerstaatlicher Verfassung und Tradition interpretiert. Das Prinzip ist aber eindeutig: Jeder

Mensch hat das Recht, an der Regierung auf allen Ebenen teilzunehmen. In der Realität ist dies jedoch nicht immer der Fall. Die systematische Verweigerung dieses Rechts nimmt häufig die Form einer Fremdherrschaft, die auch das Recht auf Selbstbestimmung verletzt, oder die Form der Tyrannei an. Auch ohne diese Extremfälle sind in vielen Ländern unverfälschte und freie Wahlen nicht gewährleistet.

Die *Artikel 22 bis 27* beinhalten wirtschaftliche, soziale und kulturelle Rechte, die die materielle Sicherheit des einzelnen und die wirtschaftlichen, sozialen und kulturellen Voraussetzungen für die volle Entfaltung der menschlichen Fähigkeiten betreffen. Die Verwirklichung dieser Rechte erfordert zumeist positive Handlungen von seiten des Staates. In der Realität kommt ein Großteil der Völker nicht in den Genuß dieser Rechte. Daß diese Rechte für alle Menschen Wirklichkeit werden, liegt nicht nur in der Verantwortung der einzelnen Staaten, sondern auch in jenen der Industrienationen dieser Welt.

Artikel 22 *Jeder Mensch hat als Mitglied der Gesellschaft Recht auf soziale Sicherheit; er hat Anspruch darauf, durch innerstaatliche Maßnahmen und internationale Zusammenarbeit unter Berücksichtigung der Organisation und der Hilfsmittel jedes Staates in den Genuß der für seine Würde und die freie Entwicklung seiner Persönlichkeit unentbehrlichen wirtschaftlichen, sozialen und kulturellen Rechte zu gelangen.*

Diese Rechte zielen auf die Verwirklichung der materiellen und nichtmateriellen Bedürfnisse des Menschen ab. Wirtschaftswachstum, obgleich wichtig, ist nicht ausreichend, um das allgemeine Wohlbefinden der Völker sicherzustellen. Die wirtschaftlichen Vorteile eines solchen Wachstums kommen nicht notwendigerweise allen Gruppen der Bevölkerung zugute oder berücksichtigen die Forderungen der Menschenrechte entsprechend. Daher müssen nationale Bemühungen und internationale Zusammenarbeit bei der Förderung wirtschaftlichen und sozialen Fortschrittes auch auf die Schaffung gerechterer gesellschaftlicher Strukturen ausgerichtet sein, um einen maximalen und angemessenen Genuß dieser Rechte zu gewährleisten. Zur Verwirklichung dieser Rechte muß jeder Staat seinen eigenen Ressourcen und Prioritäten Rechnung tragen, um dann die entsprechenden Entscheidungen zu treffen, wie die vorgeschriebenen Normen erreicht werden können. Die Worte „... unter Berücksichtigung ... der Hilfsmittel jedes Staats" bedeuten, daß man von einem reichen Land eine vollständigere Gewährleistung dieser Rechte erwarten kann als von einem armen Land.

Artikel 23 *1. Jeder Mensch hat das Recht auf Arbeit, auf freie Berufswahl, auf angemessene und befriedigende Arbeitsbedingungen sowie auf Schutz gegen Arbeitslosigkeit.*

2. Alle Menschen haben ohne jede unterschiedliche Behandlung das Recht auf gleichen Lohn für gleiche Arbeit.

3. Jeder Mensch, der arbeitet, hat das Recht auf angemessene und befriedigende Entlohnung, die ihm und seiner Familie eine der menschlichen Würde entsprechende Existenz sichert und die, wenn nötig, durch andere soziale Schutzmaßnahmen zu ergänzen ist.

4. Jeder Mensch hat das Recht, zum Schutze seiner Interessen Berufsvereinigungen zu bilden und solchen beizutreten.

● *Gibt es internationale Maßnahmen zur Gewährleistung entsprechender Arbeitsbedingungen und der Rechte der Arbeiter?*

Diese Frage ist besonderes Anliegen der Internationalen Arbeitsorganisation (ILO), über die wir bereits gesprochen haben. Die ILO veröffentlicht jährlich einen Bericht darüber, welche Länder ihren Konventionen und Empfehlungen angehören und in welchem Maße sie diese Rechtsinstrumente beachten. Es gibt jedoch zahlreiche Länder, die diesem Vorgehen nicht zugestimmt und sich daher der internationalen Kontrolle entzogen haben.

(Erstmals erschienen in „La démocratie? Parlons-en!“, Paris, Editions Alain Moreau)

● *Was bedeutet das Recht auf freie Arbeitswahl?*

Während manche Menschen in der Lage sind, die Art und den Ort ihrer Arbeit frei zu wählen, so ist doch die Mehrheit aus Gründen der Sicherheit, der Verfügbarkeit, der Qualifikation oder auch aus Gründen der Diskriminierung nach Hautfarbe, Geschlecht, Religion oder ethnischer Abstammung an bestimmte Arbeitssituationen gebunden. Andere Menschen wiederum sind Opfer politischer Unterdrückung und daher vom Arbeitsprozeß ausgeschlossen. In diesem Sinne wird ihnen also das Recht der freien Wahl verweigert. Das Recht auf freie Arbeitswahl beinhaltet aber auch das Recht, einen Arbeitsplatz zu verlassen. Dieses Recht wird vielen Menschen in vielen Situationen verweigert – das eklatanteste Beispiel dafür ist die Zwangsarbeit, die von der Internationalen Arbeitsorganisation mit zwei Konventionen, nämlich Nr. 29 über Zwangsarbeit

(1930) und Nr. 105 über die Abschaffung der Zwangsarbeit (1957), überwacht wird. Die Berichte der ILO-Expertenkomitees über die Anwendung von Konventionen und Empfehlungen informieren jährlich über die einzelnen Länder. Im Jahr 1979 führte die ILO eine allgemeine Studie über Zwangsarbeit in allen Teilen der Welt durch. Darin werden Fälle dieser Praxis zitiert, die von Relikten feudaler Zeiten wie Sklaverei und Zwangsarbeit über die Ausübung von Diskriminierung aus religiösen und rassischen Gründen als ein Mittel der Bestrafung für politische Gefangene, die ohne Verfahren in Haft sind, und Unterdrückung der Freiheit des Ausdrucks und Streikaktionen reichen.

Artikel 24 *Jeder Mensch hat Anspruch auf Erholung und Freizeit sowie auf eine vernünftige Begrenzung der Arbeitszeit und auf periodischen, bezahlten Urlaub.*

Zur Zeit der industriellen Revolution war es nicht unüblich, daß ein Arbeiter mehr als 15 Stunden täglich arbeiten mußte und nur einen freien Tag pro Woche hatte. Der organisierten Arbeitnehmerschaft gelang es, Schritt für Schritt eine Begrenzung der täglichen Arbeitszeit und eine Verkürzung der Arbeitswoche zu erreichen. Die Bemühungen der ILO haben dazu geführt, daß diese Beschränkungen international anerkannt wurden. Obgleich bisweilen Zweifel daran angemeldet werden, inwieweit Freizeit und Erholung als Menschenrechte anerkannt werden sollten, geht doch aus diesem Artikel eindeutig hervor, daß sie zu den weltweit anerkannten Menschenrechten zu zählen sind.

Artikel 25 *1. Jeder Mensch hat Anspruch auf eine Lebenshaltung, die seine und seiner Familie Gesundheit und Wohlbefinden, einschließlich Nahrung, Kleidung, Wohnung, ärztlicher Betreuung und der notwendigen Leistungen der sozialen Fürsorge, gewährleistet; er hat das Recht auf Sicherheiten im Falle von Arbeitslosigkeit, Krankheit, Invalidität, Verwitwung, Alter oder von anderweitigem Verlust seiner Unterhaltsmittel durch unverschuldete Umstände.*

2. Mutter und Kind haben Anspruch auf besondere Hilfe und Unterstützung. Alle Kinder, eheliche und uneheliche, genießen den gleichen sozialen Schutz.

● *Was versteht man unter angemessener Lebenshaltung?*

Auf diese Frage gibt es viele unterschiedliche Antworten. Trotzdem kann niemand bestreiten, daß darunter zumindest das Recht jedes Menschen auf Befriedigung seiner wichtigsten menschlichen Bedürfnisse nach Nahrung, Unterkunft, Kleidung, Haushaltserfordernissen und Sozialdiensten wie Wasser, sanitäre Einrichtungen, Gesundheit und Bildung zu verstehen ist.

Das beinhaltet auch, daß jeder Mensch das Recht auf Arbeit haben sollte, um dadurch einen vertretbaren Lebensstandard zu genießen, und daß für jene, die dazu nicht in der Lage sind, soziale Sicherheit gewährleistet werden sollte.

Die in größter Not sind, müssen zuerst berücksichtigt werden, und die Entwicklungsziele sollten den Ärmsten, Benachteiligten und von Diskriminierung Betroffenen Vorrang einräumen.

Artikel 26 *1. Jeder Mensch hat das Recht auf Bildung. Der Unterricht muß wenigstens in den Elementar- und Grundschulen unentgeltlich sein. Der Elementarunterricht ist obligatorisch. Fachlicher und beruflicher Unterricht soll allgemein zugänglich sein; die höheren Studien sollen allen nach Maßgabe ihrer Fähigkeiten und Leistungen in gleicher Weise offenstehen.*

2. Die Ausbildung soll die volle Entfaltung der menschlichen Persönlichkeit und die Stärkung der Achtung der Menschenrechte und Grundfreiheiten zum Ziele haben. Sie soll Verständnis, Duldsamkeit und Freundschaft zwischen allen Nationen und allen rassischen oder religiösen Gruppen fördern und die Tätigkeit der Vereinten Nationen zur Aufrechterhaltung des Friedens begünstigen.

3. In erster Linie haben die Eltern das Recht, die Art der ihren Kindern zuteil werdenden Bildung zu bestimmen.

Bildungsprioritäten werden sehr unterschiedlich gesetzt. Zwar gibt es in vielen Ländern eine Schulpflicht bis zum 16. Lebensjahr, doch ist die Alphabetisierung in einem großen Teil der Welt vordringlichste Aufgabe(1). Mehr als 800 Millionen Menschen, also beinahe ein Drittel der erwachsenen Weltbevölkerung, sind Analphabeten. Die Wahlmöglichkeiten der Bildungswege müssen den Bedürfnissen der jeweiligen Gesellschaft angemessen sein; die Minimalforderung eines unentgeltlichen Elementarunterrichts ist für viele Menschen noch immer Fernziel.

Selbst dort, wo Primär- und Sekundärschulbildung gebührenfrei und verpflichtend sind, werden die Wahl der Bildungsform und die Chancengleichheit oft durch die räumliche Lage der Schulen, durch unausgewogene Finanzierung, Büchereien und Einrichtungen oder den Standard der Lehrerausbildung negativ beeinflußt. Das Recht auf Erziehung wird auch durch Armut und die Situation in der Familie betroffen. Mädchen und Minderheitengruppen werden häufig durch kulturelle, religiöse und sprachliche Unterschiede besonders benachteiligt.

Der Zugang zu höherer Bildung und Universitätsausbildung ist in den meisten Ländern nicht frei. Armut muß jedoch kein Hindernis darstellen, wenn entschlossene Bemühungen unternommen werden, um Stipendien, außerschulische Abendkurse, Erwachsenenbildungskurse und Berufsausbildung am Arbeitsplatz anzubieten.

Ein weiterführendes, allgemeingültiges Ziel der Bildung ist die volle Entwicklung der menschlichen Persönlichkeit und die Festigung der Achtung für Menschenrechte und Grundfreiheiten. Die UNESCO hat diese Ideen in ihrer „Empfehlung über Erziehung zu Internationalem Verstehen, Zusammenarbeit und Frieden und Erziehung über Menschenrechte und Grundfreiheiten" aus dem Jahre 1974 weiter ausgeführt. Dieser Empfehlung folgend wurde im Jahr 1979 der UNESCO-Plan für die Entwicklung des Menschenrechtsunterrichts erarbeitet. Im April 1983 wurde in Erfüllung der Empfehlung die Internationale Konferenz über Erziehung zu Internationalem Verstehen, Zusammenarbeit und Frieden und Erziehung über Menschenrechte und Grundfreiheiten" veranstaltet.

(1) Siehe *„Das Recht des Kindes auf Erziehung"*, UNESCO, Paris 1979 (in englischer und französischer Sprache).

Artikel 27 *1. Jeder Mensch hat das Recht, am kulturellen Leben der Gemeinschaft frei teilzunehmen, sich der Künste zu erfreuen und am wissenschaftlichen Fortschritt und dessen Wohltaten teilzuhaben.*

2. Jeder Mensch hat das Recht auf Schutz der moralischen und materiellen Interessen, die sich aus jeder wissenschaftlichen, literarischen oder künstlerischen Produktion ergeben, deren Urheber er ist.

Zu den in diesem Artikel behandelten Fragen hat die UNESCO eine Reihe von besonderen Regelungen erarbeitet, so etwa die „Empfehlung betreffend die Teilnahme aller Menschen am kulturellen Leben und ihren Beitrag dazu" (1976), die „Empfehlung über den Status des wissenschaftlichen Forschers" (1974) und mehrere Konventionen über das Urheberrecht.

Jeder Mensch hat das Recht auf seine eigene Kultur, auf ihre Erhaltung, ihre Veränderung oder auf Annahme einer anderen Kultur. Zu den kulturellen Rechten zählt das Recht auf Zugang zur eigenen Kultur und zum kulturellen Erbe anderer. Alphabetisierung ist der Schlüssel zum Zugang zu geschriebenen Kunstwerken; Freizeit und ausreichende Geldmittel, um daran teilnehmen zu können, sind Voraussetzungen für die Ausübung des Rechts auf Kultur. Wenn auch Museen, Ballette, Opern oder Konzerte allen offenstehen, so gibt es doch viele, denen es an finanziellen Mitteln fehlt, um daran teilhaben zu können. Die Teilnahme ist ein wichtiger Aspekt des Rechts auf Kultur; dazu zählt auch Volkskultur in Form von Theaterstücken, Musik, traditionellen Tänzen und Karnevalen. Das Recht auf Kultur bezieht sich nicht nur auf Kunst und Freizeit; es umschließt auch das Recht, die Errungenschaften des wissenschaftlichen und technischen Fortschritts zu genießen.

ICH BIN HUNGRIG!
HÖR AUF ZU POLITI-SIEREN!
PLANTU

Artikel 28 *Jeder Mensch hat Anspruch auf eine soziale und internationale Ordnung, in welcher die in der vorliegenden Erklärung angeführten Rechte und Freiheiten voll verwirklicht werden können.*

Selbst die wesentlichen Voraussetzungen für ein Leben in Würde und zumindest minimalem Wohlbefinden werden einem Großteil der Menschheit verwehrt, die unter großen Benachteiligungen leben muß. Hunderte Millionen Menschen haben unter grober Verletzung des Grundrechts auf Nahrung, Unterkunft und Voraussetzungen für das nackte Überleben zu leiden. Noch immer gibt es, auch in wirtschaftlich hochentwickelten Ländern, Armut. Und noch immer ist in weiten Teilen der Welt die soziale Ordnung unzureichend; dies trifft aber auch für die internationale Ordnung zu. Sie wird durch Rüstungsausgaben in der Höhe von einer Million Dollar pro Minute charakterisiert, die aber nicht in der Lage sind, die Sicherheit aller Nationen zu gewährleisten.

● *Wie stehen die Chancen für eine Verbesserung der Lage?*

Trotz mehrerer Jahrzehnte internationaler Arbeit im Dienste der Entwicklung wird die Kluft zwischen den reichen und den armen Ländern immer größer; das deutet darauf hin, daß die ungerechte Verteilung der Ressourcen der Welt durch die bestehende Politik und bestehende Institutionen verstärkt wird. Auf diese Weise perpetuieren und verschlimmern Wirtschaftspolitik und -praxis der reichen Länder das Elend der armen Länder.

Die Entwicklungsländer sehen sich nach Erlangung ihrer politischen Unabhängigkeit einer erdrückenden wirtschaftlichen Abhängigkeit gegenüber und gelangen zu der Überzeugung, daß es zum Ausgleich der bestehenden Ungleichgewichte neuer Strukturen des internationalen Wirtschaftslebens bedürfte: nämlich einer neuen internationalen Wirtschaftsordnung. Die reichen Länder sind beunruhigt und nur zögernd bereit anzuerkennen, daß ihr eigenes langfristiges Interesse im Hinblick auf Frieden, Sicherheit und Menschlichkeit darin liegen muß, durch einen Akt politischen Willens eine Veränderung der bestehenden Wirtschaftsordnung herbeizuführen. Ein Katalog vorgeschlagener Veränderungen in den internationalen

Wirtschaftsbeziehungen – mit Zielrichtung auf eine Verringerung der Kluft zwischen den armen und den reichen Nationen – ist in einer Reihe von Resolutionen der Generalversammlung der Vereinten Nationen enthalten, die sich auf die Einrichtung einer neuen internationalen Wirtschaftsordnung und auf die Charta für wirtschaftliche Rechte und Pflichten von Staaten beziehen.

Zwar spricht nur eines dieser Dokumente ausdrücklich von Menschenrechten, doch könnten die darin enthaltenen Vorkehrungen bedeutenden Einfluß auf die Förderung der Verwirklichung wirtschaftlicher, sozialer und kultureller Rechte haben. Die Durchsetzung dieser Rechte erfordert auch innerstaatliche Rechtsordnungen, die die Ungleichheit zwischen Armen und Reichen innerhalb der einzelnen Staaten beseitigen. Innerhalb der Vereinten Nationen setzt sich das Konzept des „Rechts auf Entwicklung“ als ein Menschenrecht immer mehr durch.

Im Hinblick auf die internationale Ordnung spielen Friede und Abrüstung eine bedeutende Rolle für die Menschenrechte. Es gibt Vorschläge, wonach das „Recht auf Frieden“ und das „Recht auf Abrüstung“ als Menschenrechte anerkannt werden sollten. Die Zunahme internationaler Spannungen und das Ausbrechen zahlreicher bewaffneter Konflikte läßt die Bemühungen um eine „internationale Ordnung“, von der in diesem Artikel die Rede ist, um so notwendiger erscheinen.

Im Zusammenhang mit dieser internationalen Ordnung scheint es zweckmäßig, folgenden Satz aus der Präambel zur Allgemeinen Erklärung der Menschenrechte in Erinnerung zu rufen: „Da die Anerkennung der allen Mitgliedern der menschlichen Familie innewohnenden Würde und ihrer gleichen und unveräußerlichen Rechte die Grundlage der Freiheit, der Gerechtigkeit und des Friedens in der Welt bildet ...“

(Erstmals erschienen in „La démocratie? Parlons-en!“, Paris, Editions Alain Moreau)

Artikel 29 *1. Jeder Mensch hat Pflichten gegenüber der Gemeinschaft, in der allein die freie und volle Entwicklung seiner Persönlichkeit möglich ist.*

2. Jeder Mensch ist in Ausübung seiner Rechte und Freiheiten nur den Beschränkungen unterworfen, die das Gesetz ausschließlich zu dem Zwecke vorsieht, um die Anerkennung und Achtung der Rechte und Freiheiten der anderen zu gewährleisten und den gerechten Anforderungen der Moral, der öffentlichen Ordnung und der allgemeinen Wohlfahrt in einer demokratischen Gesellschaft zu genügen.

3. Rechte und Freiheiten dürfen in keinem Fall im Widerspruch zu den Zielen und Grundsätzen der Vereinten Nationen ausgeübt werden.

● *Ist es gerechtfertigt, in jenen Regionen, die am stärksten benachteiligt sind, die politische Meinungs- und Organisationsfreiheit zu beschränken, um sich auf die Entwicklung der wirtschaftlichen und sozialen Rechte zu konzentrieren?*

Viele Regierungen stellen fest, daß sie im Hinblick auf die in der Allgemeinen Erklärung enthaltenen Menschenrechte Prioritätsprobleme hätten. Für dieses Problem gibt es keine einfache Lösung. Es besteht zwar keine Rangordnung zwischen den Rechten, aber wohl eine wechselseitige Abhängigkeit zwischen den bürgerlichen und politischen Rechten einerseits und den wirtschaftlichen, sozialen und kulturellen Rechten andererseits. Die Durchsetzung wirtschaftlicher, sozialer und kultureller Rechte allein wird nicht zur Durchsetzung der bürgerlichen und politischen Rechte führen. Ganz im Gegenteil, bestimmte politische Rechte sind für jegliche Form der sozialen Gerechtigkeit unerläßlich.

Die Allgemeine Erklärung der Menschenrechte anerkennt die Tatsache, daß Freiheit von Angst und Not für alle Menschen nur dann erreichbar ist, wenn Bedingungen geschaffen werden, unter denen jeder Mensch wirtschaftliche, soziale und kulturelle Rechte ebenso wie die bürgerlichen und politischen Rechte ausüben kann.

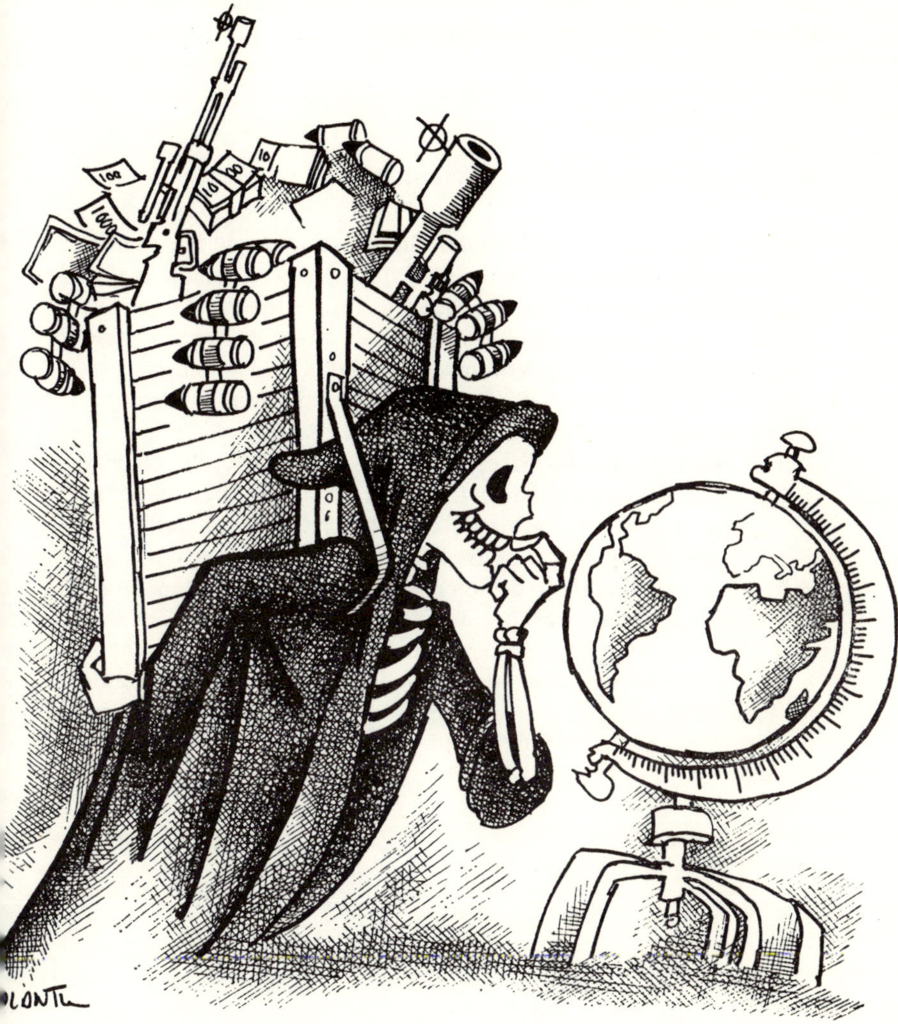

(Erstmals erschienen in „Pauvres chéris“, Paris, Editions du Centurion)

Die Anerkennung der wechselseitigen Abhängigkeit und der Unteilbarkeit aller Menschenrechte und Grundfreiheiten wurde im Jahre 1977 von den Mitgliedstaaten bei der Generalversammlung der Vereinten Nationen bekräftigt, wo es um ein Konzept ging, das die Familie der Vereinten Nationen in ihrer künftigen Arbeit im Dienste der Menschenrechte leisten sollte.

● *Welche Pflichten hat der einzelne?*

Da der einzelne nur innerhalb der Gemeinschaft seine Persönlichkeit voll entwickeln kann, ist es die Pflicht jedes einzelnen, innerhalb der Gesellschaft seine Rechte und Freiheiten zu verteidigen und zu fordern und gleichzeitig die Rechte und Freiheiten der anderen zu achten, um so die Voraussetzung dafür zu schaffen, daß innerhalb der Gemeinschaft die Rechte und Freiheiten uneingeschränkt ausgeübt werden können.

Der zweite Paragraph dieses Artikels legt allgemeine Regeln hinsichtlich jener Beschränkungen fest, die ein Staat im kollektiven Interesse der Ausübung der Menschenrechte auferlegen kann.

Die Gesetze einer demokratischen Gesellschaft sollten den Rahmen darstellen, innerhalb dessen die Rechte und Freiheiten ausgeübt werden können. Darüber hinaus ist es Aufgabe der Gerichte und legitimes Anliegen jedes einzelnen, dafür zu sorgen, daß gesetzliche Beschränkungen der Ausübung der Rechte und Freiheiten ausschließlich aus gültigen und anerkannten Gründen vorgenommen werden und den Zweck nicht überschreiten, zu dem sie getroffen wurden.

MENSCHEN-
RECHTE
PLANTU

Artikel 30 *Keine Bestimmung der vorliegenden Erklärung darf so ausgelegt werden, daß sich daraus für einen Staat, eine Gruppe oder eine Person irgendein Recht ergibt, eine Tätigkeit auszuüben oder eine Handlung zu setzen, welche auf die Vernichtung der in dieser Erklärung angeführten Rechte und Freiheiten abzielt.*

Das bedeutet, daß die Deklaration nicht als Vorwand für eine Verletzung der Menschenrechte mißbraucht werden darf. Das gilt nicht nur für Staaten, sondern auch für Gruppen und Einzelpersonen. Es darf also niemand einen Artikel der Erklärung aus dem Zusammenhang nehmen und derart anwenden, daß andere Artikel verletzt würden. Dieser *Artikel 30,* wie auch die Erklärung als ganzes, erfordert stete Wachsamkeit und den Mut, sich für die eigenen Rechte und für die Rechte des anderen einzusetzen. Diese Wachsamkeit und dieser Mut sind der Preis, den wir alle zu zahlen haben, damit eines Tages die Menschenrechte in Theorie und Praxis für alle Mitglieder der menschlichen Familie wirksam werden.

PLANTU